U0525771

THE ALL WEATHER TRADER
MR. SERENITY'S THOUGHTS ON TRADING COME RAIN OR SHINE

全天候交易员

汤姆·巴索的交易思考

[美] 汤姆·巴索 Tom Basso 著
[澳] 张玉新 译

中国青年出版社

图书在版编目（CIP）数据

全天候交易员：汤姆·巴索的交易思考 / (美) 汤姆·巴索著；(澳) 张玉新译. -- 北京：中国青年出版社, 2025.5. -- ISBN 978-7-5153-7638-7

Ⅰ.F830.9

中国国家版本馆CIP数据核字第20255CV911号

The All Weather Trader © 2023 Tom Basso. Original English language edition published by Scribe Media 507 Calles St Suite #107, Austin Texas 78702, USA. Arranged via Licensor's Agent: DropCap Inc. All rights reserved.
Simplified Chinese translation copyright © 2025 by China Youth Press.
All rights reserved.

全天候交易员：汤姆·巴索的交易思考

作　　者：	[美]汤姆·巴索
译　　者：	[澳]张玉新
责任编辑：	高　凡
美术编辑：	佟雪莹
出　　版：	中国青年出版社
发　　行：	北京中青文文化传媒有限公司
电　　话：	010-65511272 / 65516873
公司网址：	www.cyb.com.cn
购书网址：	zqwts.tmall.com
印　　刷：	大厂回族自治县益利印刷有限公司
版　　次：	2025年5月第1版
印　　次：	2025年5月第1次印刷
开　　本：	880mm×1230mm　1/32
字　　数：	100千字
印　　张：	6.5
京权图字：	01-2023-3306
书　　号：	ISBN 978-7-5153-7638-7
定　　价：	49.90元

版权声明

未经出版人事先书面许可，对本出版物的任何部分不得以任何方式或途径复制或传播，包括但不限于复印、录制、录音，或通过任何数据库、在线信息、数字化产品或可检索的系统。

中青版图书，版权所有，盗版必究

CONTENTS
目录

简介		005
第1章	什么是完美投资	017
第2章	创建我的全天候交易哲学	029
第3章	我作为一个全天候交易员的历程	043
第4章	什么是完整的交易策略	049
第5章	择时投资	053
第6章	对冲你的投资组合	077
第7章	极端多样化	085
第8章	市场盘整——如果市场毫无起色怎么办	101
第9章	填补"坑洼"	115
第10章	我们买入或卖出多少	129
第11章	交易的心理方面	143
第12章	开始全天候投资	155
第13章	最大化你的风险回报比	165
第14章	避免常见错误	173
第15章	全天候投资和未来	191
结论		203
关于作者		207

INTRODUCTION
简　介

　　你的每一个微小行为都涉及风险。想想你每天最常做的事情：开车去上班，过马路，心不在焉，一心多用。这些似乎不是什么危险的行为，但它们确实可能会产生危险的后果。

　　风险无处不在。无论是在你的健康幸福，你的财务状况，或是生活的其他重要方面，你都在经历风险。风险是不可避免的，它会找到接近你的方式。

　　风险无法避免；恐惧是自然的。一种挥之不去的恐惧一直笼罩着投资界。它通过向那些希望进入看似高风险、高回报的资金管理领域的人灌输焦虑、制造障碍来阻止他们进入这个领域。

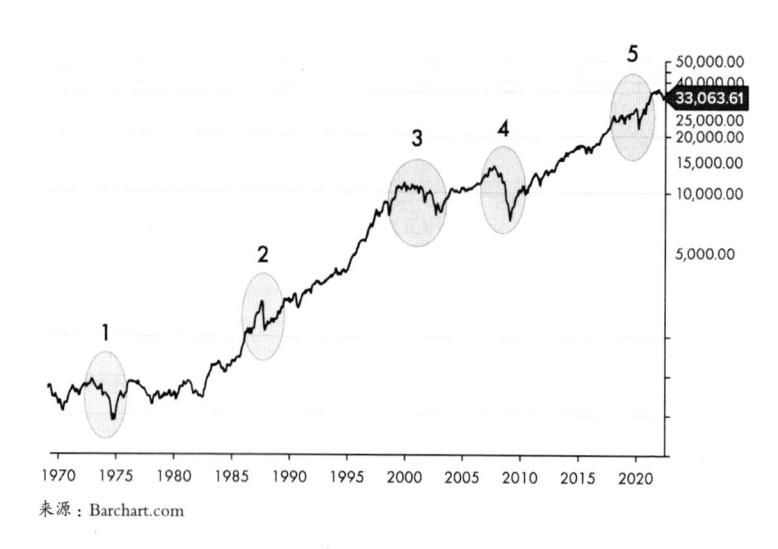

想想过去50年金融市场发生了什么（图0.1）：

来源：Barchart.com

图0.1　过去50年的道琼斯工业平均指数（单位：美元）

1.1973—1974年的熊市，当时标准普尔500指数下跌了45%。

2. 1987年10月19日的黑色星期一。

3. 2000年的互联网泡沫。

4. 2008—2009年的房地产危机导致的经济垮塌。

5. 2020年新冠疫情导致的全球经济混乱。

这些事件给全球各地的家庭带来了灾难，导致一些人在很短的时间内失去了一切。一些投资者发现自己几乎已经出局了。目睹这些痛苦的事件发生在自己的朋友和家人身上，会对交易员产生情绪上的影响——这种情况已经持续了几十年。

我亲身经历过这种情况,并且敏锐地意识到投资者在任何市场中投资时所承担的风险。我目睹了这一切发生在我父亲身上。我父亲卡洛·巴索(Carlo Basso)是美国邮政服务公司的一名邮递员,他有一份好工作。他的父母是意大利人,经历了大萧条❶,有一份提供养老金的稳定工作——这是他这一代大多数人的共同愿望。他们把股票市场看作赌场——或者说是一场赌局,手中的牌可能让他们大赚一笔,也可能使他们输掉所有筹码。相反,他们把信心放在了稳定的薪水、福利和退休计划上。

卡洛·巴索知道自己想要更多,他想要投资。但他不想参与这场赌博。相反,他想把钱放在更安全、更稳定的地方。他把准备用来储蓄的钱投进了当时他认为最安全的投资:当地一家储贷机构的定期存单。投资储蓄和贷款是保守的路线。他既不做房地产生意,也不进入波动无常的股票市场。他已经排除了所有可能的风险,选择了安全的投资道路。

可是此后不久,储蓄和贷款行业在20世纪80年代崩溃❷,当

---

❶ 是指1929—1933年之间的全球经济大衰退,是第二次世界大战前最严重的全球经济衰退,也是20世纪持续时间最长、影响最广、强度最大的经济衰退。——译者注

❷ 在发生于20世纪80年代—20世纪90年代的储蓄和贷款危机中,美国有32%的储蓄和贷款协会在1986—1995年间倒闭。S&L是一家接受储蓄存款并向个人成员提供抵押贷款、汽车贷款和其他个人贷款的金融机构(在英国被称为建筑协会的合作企业)。1986—1989年,联邦储蓄和贷款保险公司(FSLIC)关闭或以其他方式处置了296家机构,随后新成立的处置信托公司(RTC)承担了这些责任。1989—1995年,RTC关闭或以其他方式处理了747家机构,这些机构的账面价值在402亿—4070亿美元之间。1996年,美国总审计局(GAO)估计总成本为1600亿美元,其中包括从纳税人那里收取的1321亿美元。——译者注

时短期利率高于长期利率，收益率曲线出现倒挂（图0.2）。在接受了政府2000亿美元的救助后，这些投资者基本上得到了补偿，并能够收回大部分损失。幸运的是，我父亲保住了他在邮局的工作，这样他就可以继续养活他的家庭和3个正在成长的孩子。

20世纪80年代—20世纪90年代早期联邦储蓄和贷款保险公司（FSLIC）/处置信托公司（RTC）的累计损失

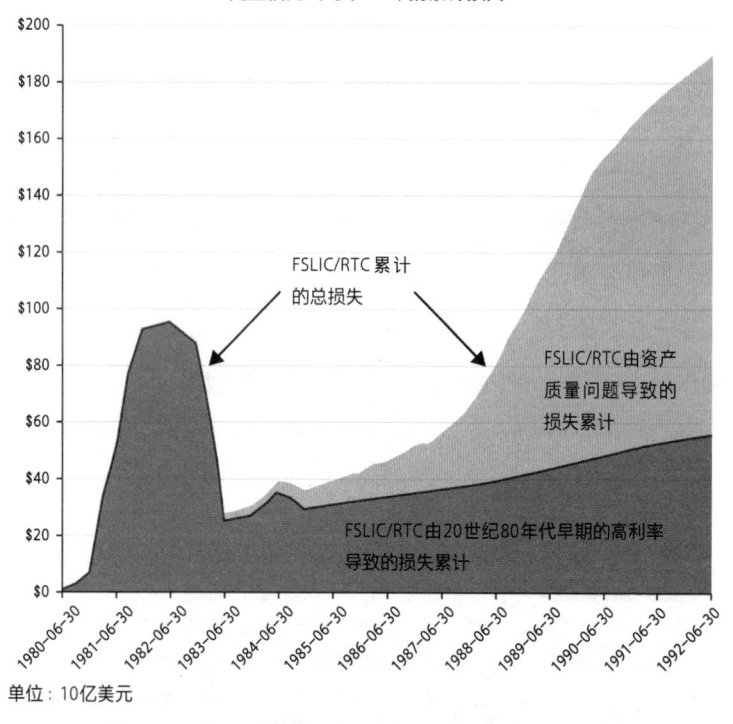

单位：10亿美元

图0.2　发生于20世纪80年代早期的储蓄和贷款危机

卡洛一家是少数的幸运儿之一，但其他人在储蓄和贷款危机中就没那么幸运了。同样的道理也适用于大萧条、黑色星期一、新冠疫情以及其他任何有名的股市危机。很少有人是幸运的或是足够精明的——大多数人都不是。我从父亲的经历与储蓄和贷款危机中得到的教训是，即使在看似无风险的环境中投资，也永远不会真正无风险。事情可以在瞬间改变，如果你的个人财富被一项投资所占据，而这项投资正在快速地与你作对，你就会发现自己损失惨重。我当时还没有学到太多关于分散投资和规避风险的知识，而后来这些知识最终成为我的基金经理职业生涯的核心。

在我管理他人资金的这些年里，我明白了没有交易员可以逃避风险。风险总会找到你的。为风险做准备的唯一正确方法不是躲避风险，而是直面它。在这本书中，我将描述一些我学到的规避风险并从规避过程中获益的方法。这些方法都很简单，你可以采用、修改它们以适应你自己的投资组合，或者发明一些新的方法来提高你的投资组合的业绩，成为一个全天候交易员。

投资者还是交易员？

你可能认为自己是一个投资者，因为你是在"长期投资"。这句话我听过好多次了。但这里要给每个试图管理自己财富的人一个提示：我们都是交易员！购买任何东西并打算在未来某个时候卖掉它的行为就是交易。因此，在这本书中，我将用"交易员"这个词来称呼我们所有应对金融市场挑战的人。

保守还是激进？

你可能认为自己是这两种类型的交易员之一：保守型或激进型。但我想再给你一个艰难的选择。尽管我父亲认为自己是"保守型"，但他最终并非如他想象的那样是一个保守型的投资者。他还是承担了风险，风险也确实发生了。所以，从现在开始，在你的交易旅程中，我希望你考虑争取更高的回报，同时降低风险。你最终不一定是保守型的或激进型的。这将是你处理自己的投资组合的个性化方式，而不是别人的。

大的还是小的投资组合？

在你刚刚开始的时候，你可能有一个较小的投资组合。也许你只有几千美元的零用钱来开始你的小投资组合。1974年，我开了一个2000美元的保证金账户，至今记忆犹新。而后来当我在川特斯泰特资本（Trendstat Capital）做基金经理时，我和我的同事管理着6亿美元。

书中的想法可能更容易在大量资金中实施，但这并不意味着你不能将本书所提供的想法应用于小额资金。我在书中给出了许多例子，使用了非常大的整数投资组合，比如10万美元、100万美元甚至1000万美元，以便在数学上解释得简单易懂。我知道大多数人都不交易这样规模的股票。我只是想展示我所解释的全天候交易相关概念的效果。任何人都可以使用这些概念，不管他们的投资组合有多大。

较小的投资组合会受到我所说的粒度的影响。换句话说，如果你使用我提出的方法，那么较小的投资组合并不能像较大的投资组合那样将可预测性实现得这么完美。从统计上讲，其结果更像是偶然的。就像在电视上看一幅带有各种黑点的颗粒状图像一样，交易中的颗粒状结果意味着，即使一个交易想法在大量交易中统计有效，但在任何一次交易中，它都有可能失效。样本量越大，投资组合越大，在应用这些概念时，失效的可能性就越小。

这就像做民意调查一样。如果我问10个人同一个民意调查问题，得到的答案是其中6个人有一种看法，其他4个人有另一种看法，这样我就能对整个群众的看法有一个小小的了解。然而，如果我对1万个人进行民意调查，问同样的问题，我就会得到较小的粒度。如果有7263人选择一种看法，2737人选择另一种，那么我就更有信心地认为这一结果真实地反映了这个更大样本量的看法。两种样本的量都是一定的。较大规模的样本粒度较低，精度更高。

如果你从小规模投资开始，那么你可以接受挑战，让你的投资组合增长。在你的日常工作中努力一点，尽可能地存起资金，并把它添加到你的交易账户中。通过可靠的全天候交易技术来使你的投资组合增长。如果你坚持做这些事情，将来有一天你可能会是管理数百万美元资产的人。

他还是她

我的网站（enjoytheride.world）上的统计数据告诉我，我超过80%的追随者和（网站）访问者是男性。我确实时不时地从女士那里收到一些问题，但交易似乎仍然绝大多数是男性的工作，所以为了更有效率，在提到交易员时我会用"他"。

资金管理中挥之不去的问题

如今的资金管理领域与几十年前大不相同。我研究市场已有半个世纪，最近发现投资者行为发生了巨大变化。技术已经使人们能够看到最新的报价，这意味着波动性可以用分钟来衡量。交易员经历了这些年剧烈的变化，这些变化有好有坏。交易员的恐慌是真实存在的，因为这种剧烈的变化常常发生得很快。

交易是为了降低风险。所以为什么不利用风险？这样你就可以以自己的方式而不是以市场的方式进入战场。这就是我所说的全天候交易员。

全天候交易员

国际主流的股票市场都是具有波动性的；然而，这正是大多数散户投资者想要投资的地方。原因很简单。股票很容易理解，它们吸引了所有媒体的关注。在许多情况下，股票也具有很强的流动性，因此数十亿美元可以很容易地从一只股票转移到另一只股票。许多人相信股市投资的高风险具有产生高回报的潜力。一条平滑的、向右上方走的股票曲线——这是我在川特斯泰特资本工作期间所有投资客户都希望看到的。

然而，投资出现损失的风险几乎是不可能消除的，因为投资者不可能每次投资都站在市场正确的一边。我不相信有人能预测某一天或某一周会发生什么。所有的市场都有一种不为人知的方式，在大多数时候愚弄大多数交易员。然而，把风险和可能的损失看作一个机会，可以让交易员进入一个全天候投资的状态。但还是会有一些糟糕的日子出现，这也被我们称为交易的一部分——挑战。

全天候交易员会试图对冲市场上的大部分投资波动，所以我经常提到波动也就不足为奇了。我们在科技股价格和公司上市等领域目睹了很多重大波动，其中有很多波动值得讨论。全天候交易员利用这种波动为自己谋利，而不是躲避它。就像一个牛仔试图将一匹野马驯服为骏马一样，全天候交易员专注于波动性可能来自哪里，以及如何主动利用它来降低自己账户的波动性。他没有寻求规避风险——规避风险只能获得伴随"保守"投资而来的低回报。

全天候交易员并不试图排除股票或任何特定的市场。事实上，他们在试图捕捉任何可能出现的机会。这种交易理念只是扩大了投资领域,以一种战略性的方式将资产分散到多个渠道,从而获得了在任何经济环境下都能获得回报的能力。

这是一种交易哲学,我已经成功地实施了很多次。这不是我昨天才想到并付诸实践的东西。我玩这个游戏已经有一段时间了。这是一个需要时间来发展、调整和执行的过程,但这个概念对我来说并无特殊,只是它表现得很好。随着时间的推移,它获得了稳定、一致的收益,同时让我有了平静的心态。

没有所谓的简单按钮

作为基金经理,我们非常清楚客户的口头禅:

> 让我以最小的风险获得丰厚的回报!

如今,这一普遍的投资目标似乎已深深烙印在许多散户投资者的脑海中。原因是现有的技术使这看起来似乎是可能的。在社交媒体上,很多人展示着巨大的回报,自诩为专家的人吹嘘着他们知道哪家公司会成为下一个亚马逊(Amazon),人们认为这些意外之财是可能的、很常见的。

然而,在真实的投资世界中,风险无处不在。没有绝对的赢家,这里存在着风险和回报的关系,为了获得回报,你必须承担风险。

通过创建全天候交易计划，我相信你可以追求你想要的回报，而不用担心接下来会发生什么。是的，你晚上能平静地睡个好觉。

第 1 章

什么是完美投资

完美的投资是这样的：你的投资每年有20%的回报；很少接触不同的市场（这使得跟踪价格变动变得简单）；还有一个在线平台，可以100%准确地、零风险地预测市场波动。

那么，人们到哪里去寻找这个神奇的完美投资方式呢？你能得到的答案就是：**无处可去**！这种对市场上的每一个风险都有确定性答案的想法是一个神话。它不存在。如果存在完美投资的话，基金经理们就会争先恐后地在这个完美的投资中占据一席之地。这样每个人都知道把自己的资金放在哪里最好。

某些投资策略似乎是完美的。当一个投资者看到另一个投资者做得很好时，他就想获得这个"秘密"，这样他也可以提高自己的回报。改变人生财富的诱惑吸引着许多人寻找完美的投资。无论是自己实施策略还是聘请基金经理为他们执行策略，投资者只是想要他们的账户安全地、有保障地持续大幅增长。

回报率什么时候会下降呢？嗯，这就是恐慌开始的时候。这可能会导致投资者和他们的理财顾问之间产生摩擦。投资者有一个潜在的假设，即理财顾问持有一把钥匙，可以扭转局面。然而，这是不可能的，因为没有一种对每个客户来说都是最优的通用策略。

交易员们将在这一过程中看到下跌。恐慌也会出现，很难决定何时买入或卖出。这种焦虑会导致交易员放弃一个深思熟虑的计划，转而寻求在当时听起来不错的新策略。相信我，这山望着那山高。没有一个通用的解决方法。

作为交易员，我们都知道没有完美的策略，但我们仍在继续寻求。我们每个人，无论是散户还是基金经理，都在不断调整，试图找到我们所有人都知道不可能实现的单一策略。交易让我想起了打高尔夫球。高尔夫球玩家一直在追求一个完美的回合，即18洞每洞都是小鸟球（Birdies），但从来没有发生过[1]。

让我们继续使用高尔夫球比赛的类比。理财顾问可以被视为高尔夫球俱乐部的专业人士。俱乐部的职业选手对球场了如指掌。他们会与来到专业商店的高尔夫球手交谈，回答有关即将到来的比赛的问题。他们研究日常趋势，知道哪个洞进展顺利，哪个洞会让人苦苦挣扎。这就是为什么许多高尔夫球手喜欢在开球

---

[1] 高尔夫球一共18洞，每洞都有一个标准的杆数。例如，一个3杆洞表示需要3杆才能将球打进洞。如果击球者以低于标准杆数2杆进洞，叫老鹰球；低于标准杆数1杆进洞，叫小鸟球。对一个3杆洞来说，1杆进洞就叫老鹰球，2杆进洞就叫小鸟球。——译者注

前向他们征求意见。

然而,尽管他们拥有如此广博的知识,但他们无法为每一位咨询他们的高尔夫球手提供同样的指导。每个高尔夫球手都是不同的。每个人都有不同的技能。一个零差点球员和一个高差点球员在球场上不会得到相同的提示,他们也不想要这样的信息❶。每个高尔夫球手对好成绩也有自己的定义。对于某个高差点选手来说,打出90杆可能是很棒的一天。然而,对于高手来说,90分可能是他们想要忘记的一天!

高尔夫球手各不相同,交易员也各不相同。每个交易员面对挑战时都只有有限的交易资产、知识和时间来制定策略,以及有限的时间来执行自己制定的策略。对任何交易员来说,试图完全模仿我的做法都是疯狂的,就像我试图在高尔夫球场上模仿杰克·尼克劳斯(Jack Nicklaus)或泰格·伍兹(Tiger Woods)也是疯狂的一样。我们每个人都有自己的金融难题需要解决,而每个交易员对自己的难题也会有不同的解决方案。我在这里的目标是让你思考成为全天候交易员的哲学,并帮助你制定自己的个性化交易策略——一种可以在享受美好时光的同时经受住未来的风暴的策略。

---

❶ 高尔夫球差点越低,表示球手水平越高。——编者注

金钱的游戏

高尔夫球是我们很多人都玩过的一项运动。不管你喜不喜欢打高尔夫球,有一个我们都觉得很有趣的事实:没有人能得到完美的分数。对于一个传统规模的高尔夫球场来说,完美的得分大约是54分,这意味着你从球座开始,直到你在第18号果岭[1]最后一杆入洞,你总共要挥杆54次。

令人难以置信的是,在这项可以追溯到15世纪的运动中,从来没有一个完美的分数。数百万玩家来来去去。尤其是近几十年来,职业高尔夫球已经成为一项全球性的热门运动。现在,父母们把孩子从小就培养成高尔夫球手,希望他们能参加美巡赛,扬名立万。泰格·伍兹、菲尔·米克尔森(Phil Mickelson)和安妮卡·索伦斯坦(Annika Sorenstam)都是家喻户晓的名人,他们赢得了许多胜利,但没有一个人能打出完美的成绩。在打出个人最好成绩后接受采访时,他们总是会说:"如果我在第7洞打出8英尺(约2.4米)的成绩,会再好一些。"

这并不是说这些高尔夫球手不好。一个简单的事实是,人为的失误使得我们不可能完美地拍摄每一个(比赛)镜头。有太多的变量在起作用。在一场有很多挥杆的比赛中,球被划破是不可

---

[1] 指球洞所在的草坪。——编者注

避免的。或者是球被挂住,或者是你在快速果岭❶上推杆失误,把球推入了快速球道,致使它滚下山坡,进入长草区。

无论你是职业高尔夫球手还是偶尔喜欢打高尔夫球的基金经理,当你走上球场的时候,你的目标都是做一件事:比上次打得更好。我们的目标是尽量消除在游戏中遇到的错误,并享受过程。

当你练习的时候,你是在努力变得更好。你不断练习,直到你的游戏中最薄弱的部分消失,你才会发现一个新的弱点。在泰格·伍兹的职业生涯中,有一段时间他把球打到离发球台315码(约288米)以上。在他的巅峰时期,他的干劲令人难以置信。但他仍然不能打出完美的分数,所以他和其他人一起练习。

交易也是一样。在投资方面,从来没有人得到过满分,世界上也没有哪个基金经理会声称自己做到了。

交易和打高尔夫球一样,需要持之以恒的练习。交易员只能尽力做到最好,继续练习,努力在这个过程中变得更好。在高尔夫球中,每次挥杆时,削球或勾球的风险都是不变的。风险不可避免。只要你在球场上打球,你就有风险。

---

❶ 快速果岭通常是指草坪非常平滑,切割高度非常低,球在果岭上滚动的速度非常快。——编者注

净资产 vs. 净财富

未来的计划在很大程度上依赖于你的投资能够实现什么。这就是为什么风险的概念往往会给我们灌输恐惧，因为当我们承担风险时，我们可能会失去我们投资组合的很大一部分，而这将使我们对未来的看法变得模糊。你知道明年会有1000万美元的付款，你就可以为它做计划。确定已知的付款时间会给你工作的时间表，当它到来的时候，你就有希望准备好处理它。

不知道未来会怎样更有挑战性。你不知道你的交易策略是否会盈利。你不知道随着时间的推移，你能使你的投资组合增加多少。你不知道市场会怎么走。你的整个财务计划就像一片密密的云，你看不透。这怎么可能没有压力呢？

因此，许多人关注的是一个普遍的投资目标：在风险很小的情况下赚很多钱，随着时间的推移，增加自己的净资产。当谈到资产保值的目标时，我有不同的想法。每个人真正应该做的是保留他们的净财富，而不是他们的净资产。这两者是有区别的。当谈到资产价值时，每个人都会用一个笼统的术语来形容净资产。然而，给你购买力的是净财富。净资产就是用你拥有的减去你所欠的。你的净财富就是你能用净资产买到的东西。

在投资界，保护资产的想法应该优先于其他任何事情。如果你想要一个全新的视角，试着关注净财富的概念。你可以在给定的资产类别上获得你想要的所有回报，但如果这些回报被负面的货币事件所抵消，那么这些收益将是徒劳的。以投资收益相对于某一特定货币的价值为例。如果你在美国的投资能够在一段时间内获得8%的收益，但美元的购买力下降了9%，你最终真的赢了吗？当然，数字显示你的净资产增加了，但当你考虑到美元的价值时，最终的结果是净财富和购买力的损失。

另一个例子是许多人用来储存现金的储蓄或货币市场账户。目前，这些账户的年利率最多为0.5%。当你考虑到最近（撰写本书时）的年通货膨胀率为8%左右的事实时，投资这些账户实际上是在损失净财富。当现金被闲置时，它就失去了购买力。

世界上的每一种货币都在持续膨胀。美元和许多其他货币一直在以非常快的速度贬值，就好像它们在进行一场追逐竞赛，所有国家都在努力赢得这场竞赛。疯狂的时代！

当然，世事瞬息万变。在我写这本书的时候，各种货币都处于混乱状态。这种趋势会在未来几年甚至几十年持续下去吗？很有可能。然而，不要忘记规则和监管的作用。请记住，国家会制定法律来维护它们的最大利益，如果你想保护你的净财富，你就需要密切关注这些法律。

天上不会掉馅饼

抛开规则、规章、外部因素和神话不谈，完美的投资仍然不可能存在。干扰完美投资的力量太多了。有太多的信息会影响我们的决定。杂志、报纸、商业频道、播客，甚至是与同事或邻居的对话，都可以让你进入一种新的思维方式。这就是买入并持有策略似乎永远行不通的原因。我们周围有太多的嘈杂信息，分散了我们的思考，导致我们转向下一个投资。

有多少次你从朋友那里听到了有关热门资产的风声？你收到过多少条短信，告诉你应该研究即将进行的首次公开募股（IPO）或其他有前途的趋势？这些谈话对你目前的策略有什么帮助？如果你和世界上99%的人一样，那么这类消息会刺激你考虑放弃你精心设计的策略，转向其他东西。

在你的日常生活中，金钱和投资的话题总是会出现。任何人都不可能投入资金后20年不看它。对基金经理和他们的客户来说也是如此。成为全天候交易员要考虑到这一因素，这有助于消除总是能在正确市场投资的愿望。

我将在第11章中详细讨论我的心态，解释当管理我的投资时，在将干扰降到最低方面，我的心态是如何起到重要作用的。到目前为止，我为客户或自己交易已经有50多年，我看到很多交易员陷入了追逐热门策略和回报的情绪陷阱。这就是为什么我在这本书中与你分享的方法是基于这一点而设计的。这是一种投资哲学，它不仅能让你避免损失，还能让你避免因为每天听到的信息而产生的情绪波动，因为这些信息会让你从深思熟虑的计划中分心。

衰退和复苏是不对称的

金融媒体已经在很多地方报道了这一点，但在这里有必要重复一遍。每当你经历一次下跌，为了回到盈亏平衡点，及你开始下跌的地方，你需要获得比下跌深度更多的百分比回报。看看下图中的数学（图1.1）：

跌幅 %	恢复到原来水平所需要的涨幅 %
−1.00	+1.01
−5.00	+5.26
−10.00	+11.11
−20.00	+25.00
−30.00	+42.86
−40.00	+66.67
−50.00	100.00

图1.1　跌幅与恢复到原来水平所需要的涨幅

如果交易员能够使资产保持较小的跌幅，比如低于20%，那么赚取足够的利润以回到股票曲线的新高并不是一个不可战胜的挑战。但是，当下跌多到让你感到不舒服时，你就面临着更大的挑战，需要相当可观的回报才能恢复到或超越盈亏平衡点。

做好准备

做好准备是没有坏处的。人类通过储备水、纸制品和罐头食品来为暴风雨做准备。在一个科技可以让无人机向我们运送产品的时代，我们依然需要准备好连续几周的吃喝。如果我们愿意为与我们的健康和生存有关的事情做好充足的准备，那么我们也应该愿意为与我们的财务状况有关的事件做好准备。

没有完美的投资，但仍然有一些关键指标可以让你在合理的范围内接近完美。首先，当涉及风险时，你要知道你能容忍什么。

对我父亲来说，冒险不是他策略的一部分。他希望有一种安全的投资，可以随着时间的推移慢慢增长。与今天的许多科技股投资者相比，你可以看到处于风险坐标两端的人。如果你在投资前不计算风险，你的资产最终可能会沦为大浪中的一艘小船。

下一步是识别潜在的风险。你是否关注历史趋势，提出问题，阅读像本书这样的图书来扩展你的知识？你是否在考虑流动性和成本，并对你正在考虑的任何特定投资策略进行模拟？通过做这些事情，你可以比普通人更好地应对更多的情况。

我不是生来就知道所有的秘密。作为一个年轻人，我必须首先学会管理自己的资产。后来，我在资金管理行业工作了28年，担任SEC（美国证券交易委员会）注册投资顾问和CFTC（美国商品期货交易委员会）注册大宗商品交易员。我还做了20年的外汇交易。最后，我于2003年退休。我花了近20年的时间为我们自己的投资组合设计和运行交易策略。几十年来，我一直从事这方面的工作，研究不同的策略，旨在应对这种或那种形式的风险。这本书是我一生学习、思考、执行、反馈的结晶，我将它归为一种投资哲学，任何人都能在自己的处境中尝试采用它。半个世纪以来，我一直在与风险打交道，认识它、面对它、管理它。过去，风险确实给我带来了一些打击，但我花在应对风险上的时间和精力使我能够走出风暴。准备工作使我有信心写这本书，也使我有信心去观察那些敢于直面风险的人的生活。

没有完美的投资或策略，但有一个完美的哲学方法来应对挑战，那就是不断学习，为即将到来的事情做好准备。就像天气一样，它总是在变化，随身带把伞是很方便的，以防万一。

第 2 章

创建我的全天候交易哲学

投资者和基金经理都知道,没有完美的投资。前一章的内容对于任何对市场有过一点点接触的人来说都不新鲜。波动是预料之中的,损失也是。然而,我们总是被那些比我们做得更好的人的成功所迷惑。我们被灌输的目标是赢得当前的战斗,而不是专注于赢得整场战争。

公司和投资者在各个层面上实施不同的策略,每个层面的基本概念都是处理风险。哪个是表现最好的市场?资金流向何处?何处的回报最大?正是这种短视心态让许多投资者陷入了短期投资的观念,而这种观念使得交易员往往不会在投资组合中停留很长时间。同样,这些交易员希望赢得战斗,却忘记了赢得整场战争。他们会陷入一连串自认为明智的决策中,而这些决策似乎并不像他们所希望的那样奏效,然后他们就会转向下一个伟大的想法。更换策略,失望,然后不断重复整个过程。这个过程可一点也不愉快。

多年来，我无数次看到不成熟的交易行为。交易员很少看到一个涵盖全天候交易员所有方面的完整交易策略。当市场在一个方向上剧烈波动时，交易员的大脑的一部分想法是摆脱对他不利的东西。大脑的另一部分在想，"这个东西现在很便宜。也许我应该再买一些"。然后市场向另一个方向移动，价格恢复正常，想法再次改变。这些交易员总是与自己和他的财务顾问做斗争的想法会导致很多压力和怀疑，最终成为一种糟糕的交易方式，因为作为交易员他们真的没有策略。随着市场向他们抛出各种各样的信号和动向，许多交易员在匆忙中做出了调整。

测试你自己的偏见

成为全天候交易员可以一次性解决几个问题。它不仅提供了积极管理投资组合变动的方式，也降低了投资组合完全崩溃的可能性，使交易员晚上能安然入睡，而且还简化了交易过程的目标。它直接尝试处理交易员已知存在的各种形式的风险。它直接聚焦这些风险，这可以给交易员一些控制感。交易员会有意识地把他们所有的偏见带到派对上。在潜意识里，交易员更喜欢全天候策略。为了证明这一点，让我来给你做个简单的测试，一测便知。

让我们创建一个混合了不同级别回报率的表，并让你选择你可能喜欢的。我不会告诉你细节，但这些是广泛使用的指数在各种配置水平下的实际历史回报。你可以研究数据并决定哪种策略最适合你。问问自己为什么这样做是最优的，甚至可以把原因写下来。这些年度回报统计数据是21年间的真实结果（图2.1）。哪

年	A	B	C	D	E
0	-9.1%	11.6%	11.7%	1.3%	1.3%
1	-11.9%	8.4%	-0.1%	-1.7%	-6.0%
2	-22.1%	10.3%	26.1%	-5.9%	2.0%
3	28.7%	4.1%	11.9%	16.4%	20.3%
4	10.9%	4.3%	2.7%	7.6%	6.8%
5	4.9%	2.4%	0.7%	3.7%	2.8%
6	15.8%	4.3%	8.2%	10.1%	12.0%
7	5.5%	7.0%	8.6%	6.2%	7.0%
8	-37.0%	5.2%	20.9%	-15.9%	-8.1%
9	26.5%	5.9%	-4.8%	16.2%	10.8%
10	15.1%	6.5%	13.1%	10.8%	14.1%
11	2.1%	7.8%	-7.9%	5.0%	-2.9%
12	16.0%	4.2%	-3.5%	10.1%	6.2%
13	32.4%	-2.0%	2.7%	15.2%	17.5%
14	13.7%	6.0%	19.7%	9.8%	16.7%
15	1.4%	0.5%	0.0%	1.0%	0.7%
16	12.0%	2.6%	-6.1%	7.3%	2.9%
17	21.8%	3.5%	2.2%	12.7%	12.0%
18	-4.4%	0.0%	-8.1%	-2.2%	-6.2%
19	31.5%	8.7%	9.2%	20.1%	20.4%
20	18.8%	7.4%	6.3%	13.1%	12.5%
年化回报率	6.6%	5.1%	5.0%	6.4%	6.5%
最差年份回报率	-37.0%	-2.0%	-8.1%	-15.9%	-8.1%

图2.1　哪种投资组合最符合你的偏好

种策略是你个人的最爱?

现在看看你的选择(图2.2)。

年	标准普尔500指数	美国巴克莱债券总趋势	新加坡管理期货趋势	50%股票+50%债券	50%股票+50%期货
0	-9.1%	11.6%	11.7%	1.3%	1.3%
1	-11.9%	8.4%	-0.1%	-1.7%	-6.0%
2	-22.1%	10.3%	26.1%	-5.9%	2.0%
3	28.7%	4.1%	11.9%	16.4%	20.3%
4	10.9%	4.3%	2.7%	7.6%	6.8%
5	4.9%	2.4%	0.7%	3.7%	2.8%
6	15.8%	4.3%	8.2%	10.1%	12.0%
7	5.5%	7.0%	8.6%	6.2%	7.0%
8	-37.0%	5.2%	20.9%	-15.9%	-8.1%
9	26.5%	5.9%	-4.8%	16.2%	10.8%
10	15.1%	6.5%	13.1%	10.8%	14.1%
11	2.1%	7.8%	-7.9%	5.0%	-2.9%
12	16.0%	4.2%	-3.5%	10.1%	6.2%
13	32.4%	-2.0%	2.7%	15.2%	17.5%
14	13.7%	6.0%	19.7%	9.8%	16.7%
15	1.4%	0.5%	0.0%	1.0%	0.7%
16	12.0%	2.6%	-6.1%	7.3%	2.9%
17	21.8%	3.5%	2.2%	12.7%	12.0%
18	-4.4%	0.0%	-8.1%	-2.2%	-6.2%
19	31.5%	8.7%	9.2%	20.1%	20.4%
20	18.8%	7.4%	6.3%	13.1%	12.5%
年化回报率	6.6%	5.1%	5.0%	6.4%	6.5%
最差年份回报率	-37.0%	-2.0%	-8.1%	-15.9%	-8.1%

图2.2 各种投资组合的回报率(已展现每种投资组合的名称)

我猜你选择了选项E，即50%股票+50%期货的组合。为什么？这5种策略的回报率大致相同（在+5.0%到+6.6%之间），而最糟糕的年份则截然不同（-2.0%到-37.0%）。为什么我认为你没有选择标准普尔500指数或新加坡管理期货趋势呢？这很简单：它们有着相同或较大的风险，对应的回报却较少。

这个简单的例子显示了一些有趣的事实。假设看数据之前先看这些投资组合的名称，你会选择50/50的股票和期货组合吗？诚实地回答这个问题，你可能会认为期货风险太大，或者说："我对这方面的投资一窍不通。"由于各种原因，这个组合会被丢弃。

然而，当被迫全面考量时，人们往往会做出合乎逻辑的决定。一个对某些投资有偏见的人可能还是会选择投资成长型股票，但在只有投资组合名称的情况下，他们不会这样做。这里要学到的教训是：让我们摆脱各种投资的名称、偏见和形象，接受思维的挑战，找出解决我们个人财务难题的最佳交易方法。为什么要限制我们的投资工具？让我们保留尽可能多的选择来解决这个难题。

策略才是最重要的，不是标签

我还记得圣路易斯郊外一个有趣的星期六早晨。我受邀向一群散户投资者讲述一个非常低杠杆的期货交易项目。它基本上要在大约20个市场上按面值交易。零杠杆，零追加保证金的机会，零合规问题，以及令人觉得无聊的回报。我在演讲一开始就设计了一项任务，即根据各种投资的名称给它们打上从保守到激进的标签。我让这群人从1到8给它们排序，1代表风险最大，8代表风险最小。我问他们是否有任何问题，回答是"没有"，我让他们进行调查，看看彼此的选择。这个游戏看起来很简单，每个人都做得很快。你也可以自己试着给它们排序（图2.3）。

投资产品	排序
国债	
期货	
商品	
股票	
公募基金	
外汇	
房地产	
黄金	

图2.3 各种投资的风险排序（1—8，8代表风险最小的投资）

然后我让小组成员把他们的问卷交上来，我们把排名加起来。最后的结果对我来说并不意外（图2.4）。

投资产品	排序
国债	8
期货	2
商品	1
股票	5
公募基金	6
外汇	3
房地产	7
黄金	4

图2.4　各种投资的风险排序——调查结果

有了这些信息，我接着问："有人想知道我将如何管理这些投资的风险吗？"整个房间的人都茫然地看着我。他们不知道我在说什么，所以我给他们看了下一页，并快速解释了我是如何考虑管理投资的（图2.5）。

投资产品	排序	管理策略
国债	8	10%保证金的现金交易，30年成熟期（危险）
期货	2	以面值交易，没有杠杆，趋势跟踪（无聊）
商品	1	以面值交易，没有杠杆，趋势跟踪（如同看着油漆晾干）
股票	5	买入IPO然后在一个月内卖掉（冒险）
公募基金	6	买入并持有一篮子基金（熊市有50%的下跌风险）
外汇	3	3%的保证金交易，中期趋势跟踪策略（疯狂）
房地产	7	不会下降的租金（注定暴涨）
黄金	4	收藏币（买卖价差宽得可以开过去一辆卡车）

图2.5　各种投资的风险排序——带有相关描述

现在，这些"正常"投资者开始明白，他们对各种投资领域的印象是有偏见的，这是基于他们自己的经历，或是从别人那里听到的，或者仅仅是媒体对这类投资的报道。那天，每个人都学到的教训是，风险程度取决于你如何管理风险。如果我想在这个清单上花点时间，我可以把每一项都做得保守而无聊，或者我可以用一种让投资组合处于危险境地的方式来管理投资。我也可以把它调到两个极端之间。重要的教训是,"他们应该问我,我将如何管理这些投资,并了解这些投资所使用的策略,以及还会存在多少风险"。

归根结底是赢得整场战争还是赢得当前的战斗。营销力量可能会通过科技股之类的东西来宣传这种快速增长的潜力,当我们看到那些"大赢家"时,我们就会想成为其中的一部分。但这种短暂而成功的投资只是战争整体图景的一小部分。那些获得短期胜利的人可能会在某一时刻获得所有的关注,但只有那些愿意放弃短期即时满足以赢得长期战争的交易员才会成为真正的长期投资战士。

这是我在管理川特斯泰特资本和我自己的投资组合时所运用的长期哲学。它经受住了股市暴跌、短期利率、原油价格下跌以及由新闻、战争、流行病、美联储行动等影响经济的因素引起的许多剧烈市场波动的考验。

我的故事

我第一次接触到"投资组合保护"这个概念,是在我还是一个狂热的年轻投资者的时候。作为一名报童,我在12岁的时候用自己的一些积蓄,再加上每月送报纸赚的钱,买了一只成长型股票共同基金。由于20世纪60年代的市场波动,我的投资直到我22岁从克拉克森大学（Clarkson University）毕业并成为一名化学工程师时才实现了收支平衡。但直到现在我才意识到了风险。

我父亲的储蓄和贷款方案对我有很大的影响，我想确保自己作为一个成年人有适当的投资策略。因此，尽管我刚从大学毕业，拿到的是化学工程学位，但投资一直是我非常感兴趣的事情。

在我作为化学工程师的第一份工作中，我会和一些工程师同事共进午餐——主要是化学工程师，但也有一些机械工程师。我们会讨论投资，主要是和股票经纪人交谈。我们很好奇我们能做些什么来增强我们的投资组合。我的大多数同事都向理财顾问或新闻报纸来寻求建议，以帮助自己渡过难关，他们都听到了同样的建议：你需要长期买入并持有股票，而预测市场时机的投资行为是行不通的。

在我看来，似乎投资界的每一位专业人士都在安抚人们，让他们对长期股票策略保持耐心，说这种策略是奏效的。但人不是这样的。他们不能坐视自己的净财富剧烈波动。20%的损失是不能被忽视的。采用这种方法可能在纸面上听起来不错，但如果没有获得有关替代投资方案的评论或建议，投资者很少会允许这种情况继续下去。

通过与同事们的许多对话，以及自己对一些策略的研究，我开始意识到一定有更好的解决方案。不可能每个投资者都接受股市亏损的现状。更重要的是，那些通过基金经理进行投资的人可能每周至少打一次电话对手头的投资方法提出质疑。

从那时起，我开始研究期货交易。这背后的想法是避开股市在熊市中必定会出现的损失。这样做可以让我的投资组合不受股市波动的影响。在某一天、某一周、某一个月或某一年的损失有多严重并不重要，因为我在其他市场上创造了潜在的正回报，这些市场有多样化的、不相关的盈利机会。我花了4年时间做期货交易，才有了第1个盈利的年份，这是一个艰苦的学习过程。我认为这相当于我在交易大学获得了一个4年的学位。

几年后，我离开了化学工程师的职位，开始了理财经理的职业生涯。然而，作为一名管理他人资金的基金经理，我无法像管理自己的资金那样进行实验。我需要更加脚踏实地，坚持一种更符合期望的方法。我们必须有可以"推销"给理财顾问和客户的投资策略。这些期望通常包括希望我们公司管理他们养老金的"股票投资组合"。但是，当股市的下跌导致客户的资金损失，电话和赎回开始涌入时，我很快意识到有些事情需要改变。我告诉我的合伙人，"我们需要做点什么，否则如果经济严重衰退，我们就没有生意了"。

我开始学习更多的东西，正是在这段时间里，我的思想升华了。我意识到可以采取很多不同的方法来降低风险，但人们并没有采取这些方法。专业投资人士几乎在误导他们的客户，让他们相信使用某些策略可能会提高风险回报率。

我利用这段时间学到的经验开了川特斯泰特资本。我们的任务是围绕广泛多样化的概念创建策略，同时使用股票、期货、期权和共同基金的工具形成一个完整的策略，以增强对风险的预防。

这种方法效果很好。事实证明，分散投资于不相关的资产类别和策略可以避免大量潜在损失。然而，仍然有一个挥之不去的问题，它是我们人类思维方式的产物。我们不愿意看到损失并接受它。尽管投资组合的其他领域表现良好，抵消了损失，但由于当时的规章制度，报告仍然需要带着大量细节传回给个人。

因此，举例来说，如果多头股票在糟糕的一天下跌了7%，而我们的期货仓位上涨了类似的幅度，风险就被规避了。但个人投资者得到的是两份报告，一份是关于多头股票，一份是关于期货。期货报告看起来不错，但多头股票的报告却并非如此。"为什么我们不能跳过股票多头仓位，把所有资金都投入期货策略？这样我们就遥遥领先了。"正是这种人性让我意识到客户仍然会感到不舒服，我们需要做得更多。

随着时间的推移，我们获得了一些进展，最终说服一些客户在他们的投资组合中加入股票和期货。当1987年10月19日的黑色星期一到来时，我们不得不向客户发出报告，因此这一观点得到了强化：分开报告是个问题。当天，道琼斯指数暴跌22.6%，尽管我们为客户建立了投资组合，在股票和期货中建立了抵消仓位，但这些报道引发了非常奇怪的反应。这些反应至今让我摸不着头脑。

我们管理的一个大型养老金计划在黑色星期一赚了不到一个百分点，比道琼斯工业指数高出约23%。我参加一个普通的季度会议时，以为我们是英雄。当大多数股票投资组合下跌20%左右时，我们实际上赚了一小笔钱。董事会向我指出，他们在投资组合的期货方面一夜之间赚了一大笔钱，而在股票方面几乎损失了同样多的钱。这些董事会成员可都是物理学博士，精通数学。

他们问能否只接触策略中胜利的一面，而避免失败的一面。他们要求将多头股票从我们的战略中完全移除。"只买多头"的股票投资组合总是会有下跌的时候，客户在心理上无法承受这种压力。所以，尽管在黑色星期一那天他们账户的权益价值上涨了一小部分（而那天大多数养老金都跌得很惨），他们还是因为我们的投资组合中股票部分的业绩而解雇了我们，并试图让我们管理投资组合中的期货对冲部分。不久之后，我们选择离开，因为他们不允许我们为客户提供最好的服务。而我们也不愿意在没有对冲对象的情况下进行期货对冲交易。这是非常令人沮丧的——这种情况正是我欣然从这个行业退出的一个原因，而不是处理客户提出的奇怪想法！

我们制定了新的战略，川特斯泰特资本也取得了成功。通过分散投资于各种相互负相关的资产类别，我们为随后发生的许多风险做好了准备。我们做得很好，引起了业界的注意。

杰克·施瓦格（Jack Schwager）在1994年出版的《新金融

怪杰》(*The New Market Wizards*)一书中提到了我,因为我冷静的举止和独特的、极其多样化的方法,他称我为"处变不惊先生"(Mr. Serenity)。多年来,他只采访过华尔街的交易员,他们都神经紧绷,节奏很快。然而,与其他交易员相比,我是平静的,因为我不受股市风险或高杠杆的支配。无论发生什么,我都有相应的策略来降低风险。当时我还没有给它起名字,但它基本上是一种方法,可以让我处理各种各样的情况,无论市场状况如何。要是我能给它起个好名字就好了……

第3章

我作为一个全天候交易员的历程

我写第2章的目的是让你们对我的人生历程有一个概览,这样你们就可以和我一起穿越时间,了解一个发现如何带来另一个发现,甚至一个又一个发现。我觉得我还是沿着这条路走比较好。在随后的章节中,我将详细介绍这些概念。我希望你能从列表中选择你最喜欢的想法,并把它们应用到自己的工作中。

在我的投资生涯中,发生的第一件事就是买了前面提到的共同基金。我当时并不知道,由于市场波动以及极高的管理和销售费用,我花了大约12年的时间才恢复到原来的水平。

我从克拉克森大学毕业,拿着一份不错的化学工程师的薪水,我想在我的投资组合中增加一些新的投资。当我为未来寻找更好的投资选项时,我也在寻找一种方法来防止12年的投资恢复期这种事件再次发生。或者,至少,我想降低熊市时期的下跌程度。我想我找到了一个方法。

我们公司有一个股票购买计划，我决定，如果按照涨跌方向建立一个图表，我就可以在上涨时买入股票，然后卖出，以避免下跌时的一些风险，并用公司的钱为这些交易提供资金。这很有效，股市的许多涨跌都变得非常有利可图。择时投资成了一种策略，我学会了用很多方法来成为一个全天候交易员。

几年后，也就是我开始交易期货的4年后，我的投资组合终于实现了盈亏平衡。我把钱加到我的期货投资组合中，并采取了一些不错的积极举措，迅速增加了账户中的股权规模。我注意到期货的盈利期与我的股票投资组合的盈利期几乎没有任何关系。这意味着真正的多样化和额外的保护层。当一个市场盈利而另一个市场亏损时，你就有了一个更稳定的总体结果。这本书的第7章致力于介绍极端多样化以及如何为你自己的投资组合创建极端多样化。

然后我开始了我的个人退休账户（IRA）。个人退休账户实质上是所得税递延的神奇世界。你可以买卖投资产品。已实现的收益和损失被视为未实现的收益和损失（就个人所得税而言），只有当你把资产从个人退休账户中移出之时，你才是需要缴税的。我利用了我从公司的股票择时程序中学到的知识，并设置了指标来"择时"各种共同基金。这就是川特斯泰特资本在我们的共同基金择时和行业择时项目中为客户所做的事情的开始。

在我交易生涯的早期，交易所交易基金（ETFs）还没有被发明出来，我不得不在每个交易日结束时打电话结清我的共同基金交易。当我的指标显示出新的上升趋势时，我买了一只投资于股票的共同基金。当他们给我一个下跌的方向时，我卖掉了股票基金，买了一只货币市场共同基金，在20世纪80年代赚到了很高的利息。在我成为全天候交易员的过程中，利用择时来应对股市下跌的风险成了一个非常有用的工具。在第4章中我会介绍更多的细节。

由于川特斯泰特资本为一些客户管理股票投资组合，而这些客户不希望一直买卖这些股票，我提出了动态对冲的概念。我用一个趋势跟踪指标来衡量股市是上涨还是下跌。当上涨时，我不想对冲，所以我让投资组合的股票仓位随着趋势而走。但当方向转向下行时，我只是进行了对冲，以保护当前的投资组合。最初，我在交易所交易的指数型场内基金中做空，或者买入3倍杠杆的反向ETF，但如今，出于各种原因，我更喜欢指数期货合约。更多关于对冲的内容将在第6章中介绍。

之后，在我发展成为全天候交易员的过程中，我加入了各种时间框架。我注意到，在市场的横盘期，股价通常会迅速上下波动，在一个方向上的波动时间永远不会长到足以让我的长期趋势跟踪模型产生合理的利润。研究表明，在较短的时间框架下，我必须更频繁地交易，这是我刚开始走全天候交易路线时遇到的一个问题。然而，作为工程师，并最终雇用了优秀程序员的我们意识到，如果我们自动化这个过程，我们可以相当容易地处理频繁的交易。

我决定创建短期模型，并意识到由于这些新模型的敏感性，我可以在较短的时间内提取小额利润。这创造了某种时间段上的多样化，因为当市场趋势良好时，长期模型会让我留在市场，让利润积累起来。然而，当市场在横盘走势中花费更多时间时，短期模型就可能会产生一些小额利润，从而对整体的投资组合有益。我将在第8章更详细地介绍在横向市场中可以做的一些事情。

接下来，我制定了一个真正需要横向盘整才能产生利润的策略。我决定出售期权信用点差，潜在损失和潜在收益都是有限的，只有7天到期。如果市场保持不变或波动很小，就会产生一系列的高利润回报。这种策略注定会在强劲的市场波动中赔钱，但我已经用我的长期趋势跟踪策略弥补了这一点。更多关于期权价差的细节，以及我在哪里和如何使用它们，请参见第8章。

仍处于开发模式

到目前为止，这一章已经涵盖了我多年来作为全天候交易员的发展历程，但我觉得自己还没有像我希望的那样真的做到了全天候。就像不能打出"完美分数"的高尔夫球手一样，我仍然看到了我的投资组合的弱点，我需要添加新策略以加强自己对低迷的投资市场的抵抗能力。我不确定我是否会得出一个"完美"的最终策略组合，但我很享受这个过程。

第 4 章

什么是完整的交易策略

我经常用下面的流程图来说明一个完整的交易策略。这不仅仅是因为要弄清楚在哪里买或卖，而是因为大多数刚开始从事交

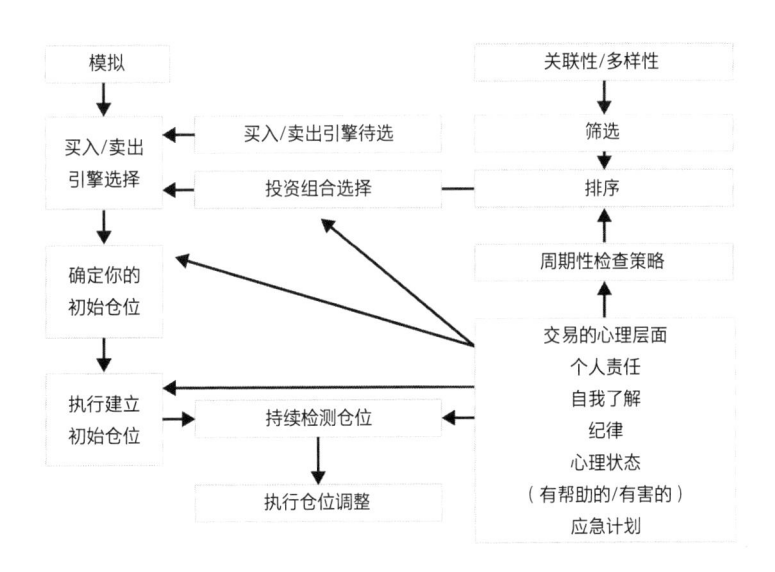

```
模拟                                    关联性/多样性
 ↓                                         ↓
买入/卖出 ← 买入/卖出引擎待选            筛选
引擎选择                                   ↓
 ↓      ← 投资组合选择 ———————————————— 排序
确定你的                                   ↑
初始仓位                               周期性检查策略

                                      交易的心理层面
执行建立                                个人责任
初始仓位 ← 持续检测仓位 ←               自我了解
 ↓                                      纪律
执行仓位调整                            心理状态
                                     （有帮助的/有害的）
                                       应急计划
```

图4.1　一个完整的交易策略

易业务的交易新手只会专注于此,这是一个很大的错误。看看流程图,看看你的流程中包含了多少这样的盒子。

让我们逐一讨论完整交易策略的各个部分

信念:这是一个重要的开始。正如已故的、伟大的冯·K.沙普(Van K. Tharp)博士曾经说过的那样,"你不是在交易市场。你是在交易你的信仰"。你必须提出一种信念,一种驱动你的投资策略产生潜在利润的信念。

目标:这应该是你在尝试设计任何策略之前做的最重要的事情。它是你的投资策略背后的哲学,它是你投资背后的逻辑,它指导你使用指标捕捉你认为是你想要利用的某种市场趋势。

过滤/筛选:世界上有成千上万种投资工具,交易员需要缩小可能的候选范围。这可以通过各种筛选工具,通过你最喜欢的交易平台,或者简单地通过查看候选投资工具列表并选择你希望专注于的一些投资工具来完成交易。

设置/排序:你可能仍然有太多的候选投资工具可以用来交易,所以你可能想要限制自己只使用那些有特殊价格行为模式的候选投资工具,使它们成为你的交易目标。这就是排名的作用,它可以缩小当天交易的候选范围。现在你已经完成了为下一阶段选择投资组合的过程。

入门：你必须有一个买入/卖出引擎来触发你的进场行为，我称它为引擎，只是因为它应该"推动"你采取行动，就如同发动机驱动汽车一样。买入/卖出引擎应该能够促使你行动。

止损：你应该设定一个价格，在这个价格上你将从投资组合中退出这种产品交易，并承认它没有成功。许多交易员不相信止损。他们担心指令被误用（指在自己做决策前就被触发），于是决定使用"心理止损"。他们依赖先入为主的想法，而不是下止损单。我认为这是一种糟糕的技巧，因为一个心理止损可能会造成潜在的巨大损失，这比市场上由止损单造成的一些微小损失严重得多。止损单对全天候交易员来说是必须的。

获利了结/退出交易：如果一个策略只在持续几天内交易，你可以用一些逻辑方法来设定目标。例如，你可以在交易中以风险的两倍获利为目标。当市场在超买或超卖后达到"正常"水平时，你可以在短期交易中获利。如果一笔交易失败了，没有达到你的目标，你可以放弃它，这样你就不会把宝贵的资金绑在一个不成功的仓位上。这将被称为停止时间。（一段时间过后，你就会离开这个仓位。）

在长期趋势跟踪策略中，当趋势摇摆并转向相反方向时，你将以获利了结为目标。在这一点位上，你停止交易，期待有一个不错的利润。这部分的重点是你需要有一个**退出交易的计划。没有退出计划等于买入并持有**，全天候交易员不想让自己处于这种情境中。

仓位大小： 在所有的筛选、分类和买卖工作之后，你仍然需要弄清楚如何正确地调整你的仓位。太大的仓位可能会让你的账户泡汤。而仓位太小，将不会对投资组合产生足够的影响，从而产生差别。

每一种交易策略都有这些相同的属性。你甚至可能有一些额外的特征，比如对你得到的候选投资工具进行排名，这样你就可以每天挑选前X名候选人。如果你被止损了，你可能想要重新进入这个仓位，但它又会作为一个候选交易出现。你应该有一个仓位大小策略，与你的策略所要达到的目标相适应。我将在第10章详细介绍。

这里最重要的是，你不必把你的思维锁定在一种交易模式上。你可以有一些利用趋势的策略，一些保护你免受灾难影响的策略，一些意味着均值回归的策略，还有一些可能会从期权中获得时间溢价的策略。一些策略可以用于股市交易，一些策略可以用于ETF，还有一些策略可能会分散用于期货合约。有些策略可能是非常长期的，有些策略可能是短期的。它们都应该有助于提高回报，或管理令人担忧的风险，同时尽可能地使权益曲线不断向上。

第5章

择时投资

在斯科茨代尔，我能听到从四面八方传来的怒吼："择时行不通，这难道不是真的吗？这是我从大学教授、财务规划师和股票经纪人那里听到的。"我的回答是："这取决于你选择择时投资的目标。"

多年来，这种只关注风险—回报挑战中回报这一边的执念让我感到惊讶。购买并终身持有任何投资都将带来更小的交易成本以及更少的管理时间，当市场对你有利时也会带来更多的回报，但是当市场对你不利时同样会带来更多的损失。最后，损失是所有人都会遭受的。我知道，作为一名经验丰富的交易老手，我永远不会有耐心在一项下跌了25%却没有任何防范措施的投资中坚持下去，因为这将导致更大的损失。如果一个有50年交易经验的交易员都做不到，你能做到的可能性有多大？

为了完成一篇我的个人网站上的论文，我最近更新了一项研究。我从财经网站上免费获取了标准普尔500指数的数据，并创建了一个简单的10天和40天移动平均线指标来衡量向上或向下的方向变化。然后我将每个信号标记为上涨、下跌或横向盘整。

我对上涨或下跌的定义是指数至少波动5%。如果一个波动的幅度低于5%，并且在此波动结束之前就出现了一个相反方向的新波动，那么我认为这是一个横向盘整。我的目标是了解股市在上涨、下跌和横盘走势中花费的时间。我附上了图5.1，这是一个关于调查结果的表格。

从这些结果中可以得出许多重要的结论。首先，股市在很多日子里原地踏步。超过60.5%的交易日处于横向盘整状态。只有30.5%的日子给了市场上行的动力。低谷期只占总时间的8.95%。

下跌的市场通常比上涨的市场移动得快。恐惧显然促使交易员迅速行动。在下跌市场，你在8.95%的时间里获得了12.91%的复合增长率。上涨的市场会稍微多一些，在30.5%的日子内获得了15.02%的回报率。快速计算告诉我们，在29.34%（8.95%/30.5%）的时间内，下跌的市场运动达到上涨的市场运动的85.95%（12.91%/15.02%）。当市场确实出现下跌时，它们可能会迅速恶化。

你应该注意到的下一件事是最大下跌百分比。正如我们之前提到的，大多数交易员，包括我在内，都无法忍受买入并持有的策略带来了约**56.78%**的跌幅。因此，该策略可能会在某个时候被放弃，交易员将永远不会看到所显示的总复合年增长率。择时

	上涨市场	下跌市场	横向盘整市场	总计	买入并持有	择时
交易数量	34	16	379	429	1	429
交易数量百分比%	7.93	3.73	88.34	100	100	100
天数	6348	1862	12,606	20,816	20,816	20,816
天数比例%	30.5	8.95	60.56	100	100	100
复合平均增长率%	510.62	206.56	-510.04	207.145	7.41	4.76
每个交易的平均值%	15.02	12.91	-1.35	—	—	—
最大下跌比例	—	—	—	—	-56.7754	-25.3604
回报/最大下跌	—	—	—	—	0.1305	0.1876

图5.1　择时策略对比买入并持有策略的总结，1964年1月—2021年12月

可以减少一半的跌幅，这是一种更容易容忍的情况。

我注意到的最后一点是，择时投资策略的回报是买入并持有策略的回报的64%，而最大回撤幅度却不到一半。因此，买入并持有策略的回报与最大回调的比率为0.1305，而择时投资策略的回报与最大回调的比率为0.1876，风险回报率提高了43.7%。这一特点本身就会让你在接下来的几十年里轻松很多，让你有更多的心理空间来坚持这个策略。

让我们择时投资标准普尔500指数

SPY ETF是一种高流动性的交易工具,它试图以ETF的形式匹配标准普尔500指数。我创建了一个简单的多头,只使用3个指标——唐奇安(Donchian)通道、肯特那(Keltner)通道和布林格(Bollinger)通道作为买入/卖出引擎,从而触发我的交易。每次出现买入信号时,我都会在SPY ETF中投资5%的风险性资产(股票指数),在下跌时,我将坚持持有现金,不赚取任何利息。结果见图5.2。

这是一个模拟,并且它没有从闲置现金中赚取利息,结果显示历史上的正回报率为+6.489%——体面的风险回报比,盈利交易的比率超过50%,并且在12年中股本增加了一倍多。你只需要做34笔交易,平均每年2.7笔。在我看来,交易相当容易。

什么样的投资可以择时

你可以在任何你认为有严重下跌风险的市场做择时,以便控制其中的一些风险。择时从本质上来说就是消除投资组合中的某些风险来控制风险,以换取一些如同投资温和的货币市场一样的回报。你是在一个安全的避风港度过风暴,直到风暴减弱。

我的职业生涯是从为共同基金择时投资开始的。我会在一天接近结束时运行我的指标,看看我是否有买入或卖出的信号,然

模拟交易员（SimTrader）

- 回测时间段：2010年1月1日—2022年6月1日（历时12.41年）
- 初始投资：10万美元。每当新的交易信号出现，100%投资于股票指数，并长期持有
- 3个指标引擎
- 21天（唐奇安通道21天；肯特那通道21天，参数2.3；布林格通道21天，买入交易使用参数2.0，卖出交易采用50天）

统计	上涨信号的结果
复合平均增长率（CAGR%）	6.489
夏普比率（Sharpe Ratio）	0.718
萨帝诺比率（Sortino Ratio）	0.889
回报与平均下跌比值（Return/Average Drawdown）	3.727
回报与最大下跌比值（Return/Maximum Drawdown）	0.375
最大下跌%（Maximum Drawdown）	-17.316
总交易数目（12.41年）	34
盈利交易数目（Winning Trades）	18
损失交易数目（Losing Trades）	16
盈利交易比率	52.941
盈利因子（盈利交易的总利润/损失交易的总损失）（Profit Factor, Profit on Winning Trades / Loss on Losing Trades）	$2.68
总利润（Total Profits）	$113,882

图5.2 对于SPY ETF的价格运动的择时

后发传真到共同基金柜台,在收盘时买入或卖出基金。当交易所ETF出现时,我开始用这些工具做择时投资。从那时起,我就开始在纳斯达克指数期货、比特币和以太坊期货,以及大宗商品、能源、货币和金属市场上进行择时投资。

俗话说:"你不能控制风,但你可以调整你的帆。"这是总结择时投资的好方法。市场会做任何事情,但你可以控制你的风险敞口。选择时机是一种简单易行的方法,可以显著改变你的风险敞口。

在原油期货上做择时投资的例子

任何关注过去一二十年商业新闻的人,或者在加油站给汽车加油的人都意识到,全球油价一会儿在涨,一会儿在跌。如果你经营一家必须销售或消费石油或石油产品的企业,你就会知道,如果价格变动对你有利或者对你不利,它会很快创造利润或造成亏损。听起来我们应该能解决这个风险。让我们仔细想想看。

我从纽约商品交易所获取过去X年的西得克萨斯中质原油(West Texas Intermediate Crude Oil)合约交易价格数据,并将其加载到我使用的模拟交易员平台SimTrader中。然后,我设置了一个买入/卖出指标,它是3个指标的组合:唐奇安通道、肯特那通道和布林格通道。我将在本章后面列出我最喜欢的3个指标时加以解释。

我选择了一个为期21天的时间段来进行这项研究。这个时间段不会太短，还会产生大量的交易和更多的交易成本。它也不会太长以至于更像买入并持有的投资策略（这种买入并持有的投资策略对抵御价格波动的风险几乎没有作用）。

结果和预期的差不多。假设交易的只是一份原油合约，市场在横盘走势中花费了大量时间。市场上涨和下跌时期是最有利可图的，因为价格变动等于风险，这是交易员获利的地方。如果价格不涨不跌，在市场上很难产生可观的利润。对于那些在损益表中包含石油成本的企业来说，上涨或下跌时期可能是好也可能是坏。

让我们以消耗大量航空燃料的航空公司为例，这些燃料当然来自原油。如果价格上涨，飞行成本也会上升，如果他们不能将成本转嫁给乘客，他们的利润可能会减少。相反，当原油价格下跌时，航空公司的燃料成本较低，在相同的机票价格下，潜在利润更多。

让我们分析一下图5.3。航空公司可以在每一个油价上涨的趋势中进行购买策略，这意味着虽然它在飞行业务中失去了一些潜在的利润，但它将从期货合约中获利。结果显示，在这12.4年里，每份原油合约将创造49,470美元的利润，其中许多年份对航空业来说都很艰难。未能成功地带来利润的上行信号就是亏损或对冲的成本。这些损失被包含在上涨或买入的交易中。因此，如果一家航空公司执行一项对冲计划，这个计划专门在上涨方向

模拟交易员（SimTrader）

- 回测时间段：2010年1月1日到2022年6月1日（12.41年）
- 初始投资100,000美元，每次新的交易信号出现100%投资股票指数，并长期持有
- 3个指标引擎
- 21天（唐奇安通道21天；肯特那通道21天，参数2.3，这是两个交易指标的另一个参数；布林格通道21天，买入交易使用参数2.0，卖出使用50天布林格通道。）

统计	上涨信号的结果	下跌信号的结果
复合平均增长率（CAGR%）	3.327	3.691
夏普比率（Sharpe Ratio）	0.323	0.344
萨帝诺比率（Sortino Ratio）	0.436	0.508
回报与平均下跌比值（Return/Average Drawdown）	0.966	0.614
回报与最大下跌比值（Return/Maximum Drawdown）	0.106	0.099
最大下跌%（Maximum Drawdown）	-31.501	-37.354
总交易数目（12.41年）	95	56
盈利交易数目（Winning Trades）	44	17
损失交易数目（Losing Trades）	51	39
盈利交易比率	46.316	30.357
盈利因子（盈利交易的总利润/损失交易的总损失）（Profit Factor, Profit on Winning Trades/Loss on Losing Trades）	$1.34	1.42
总利润（Total Profits）	$49,470	$53,910

图5.3 对于原油的价格运动的择时

出现信号时买入原油期货，然后卖出并在下跌期间不进行对冲，那么它的损益表的波动将会减少。这样它可以把更多的精力集中在高效经营上，保证由于燃料成本大幅上升而造成的灾难性损失不会对它造成严重伤害。

航空公司还将享受飞机燃油潜在成本较低的低迷期带来的好处。图5.3显示，在此期间，原油卖出交易每份合约将产生53,910美元的利润。这些时期的燃料成本会更低，因此飞机升空的成本也会更低。这个原油价格低迷时期也有助于积累利润，以帮助支付对冲不起作用并产生小损失的时期。

在债券ETF上的择时投资

许多企业和个人交易员都受到利率和债券收益率上升或下降的影响。在利率和收益率快速上升的时期，个人债券投资者会看到其投资组合中的债券价格下跌。相反，当利率和收益率下降时，债券价格通常会上涨。

企业的业务也会受到影响。当利率下降时，企业的资本成本下降，使投资新设备更便宜，增长更有可能。当利率上升时，资金成本就会增加，扩大业务就会变得更加昂贵。你可以想象，一家向房主出售可变利率抵押贷款的抵押公司不会享受到利率上升的好处，因为它们的抵押贷款组合的面值相应下降，而随着房主努力支付更高的利率而出现违约。这似乎是另一种利用时机来应对利率风险的可能性。

让我们应用同样的双指标组合在债券ETF上,看看如果把时间设定在过去10年,会发生什么。为了观察利率市场的中期走势,我使用了21天的指标。

图5.4显示了买入或卖出股票代码SCHQ(长期国债ETF)的结果。正如你所看到的,出现买入信号,表明一个债券价格上涨的时期,因此债券收益率下降。这种情况在这段时间内经常出现,因为利率下降了相当多。

在这段时间内,抵押贷款公司将会顺风顺水。在收益率下降的时期,它可能会以高于贷款收益的价格出售一堆抵押贷款,这会记入一些额外利润。但是,如果利率在很长一段时间内持续上升,那么债券持有者肯定会受益,他们会从投资中创造利润,这有助于降低一些风险,使他们的融资运作得更加顺畅。

产业ETF择时

这是我几十年来以各种形式为自己的投资组合所做的事情。许多年前,我对行业共同基金进行了择时投资。随着ETF的出现,以及做多或做空仓位的能力提升,我转向了对行业ETF做择时投资。所以,我有丰富的择时投资的经验。

在我看来,ETF的时机选择是处理小额资金的绝佳方法。首先,大多数股票经纪公司大幅减少甚至取消了股票佣金。这允许

模拟交易员（SimTrader）

- 回测时间段：2010年1月1日到2022年6月1日（12.41年）
- 初始投资100,000美元，每次新的交易信号出现100%投资股票指数，并长期持有
- 3个指标引擎
- 21天（唐奇安通道21天；肯特那通道21天，参数2.3，这是两个交易指标的另一个参数；布林格通道21天，买入交易使用参数2.0，卖出使用50天布林格通道。）

统计	上涨信号的结果	下跌信号的结果
复合平均增长率（CAGR%）	1.328	0
夏普比率（Sharpe Ratio）	0.126	0
萨帝诺比率（Sortino Ratio）	0.168	0
回报与平均下跌比值（Return/Average Drawdown）	0.344	0
回报与最大下跌比值（Return/Maximum Drawdown）	0.068	0
最大下跌%（Maximum Drawdown）	-19.539	0
总交易数目（12.41年）	7	0
盈利交易数目（Winning Trades）	4	0
损失交易数目（Losing Trades）	3	0
盈利交易比率	57.143	0
盈利因子（盈利交易的总利润/损失交易的总损失）（Profit Factor, Profit on Winning Trades/Loss on Losing Trades）	$1.38	0
总利润（Total Profits）	$2,819	0

图5.4 对于长期国债ETF价格运动的择时

你购买极少量的股票而不会产生太多的负面后果。

其次，任何一只ETF都是基金内股票的集合，将一个仓位的风险分散到多家公司的股票上。这有助于消除一家公司盈利不佳或一个特别的新闻事件导致该公司股价大幅波动的影响。

最后，ETF有很多种形式。行业ETF有各种行业、各种市值、各种市场方向的股票组合。一些是主动管理，而另一些是被动持有指数中的股票。有些比其他的贵，有些比其他的便宜。这就像糖果店一样，你可以选择你喜欢的糖果。

在制定自己的行业ETF择时投资策略时，我并没有对所有可用的ETF进行广泛筛选。大多数ETF都来自标准普尔存托凭证行业基金家族，你会不时在金融节目上看到广告。因为我经常被问道："你用的是哪个行业的ETF？"我在下面列出了它们的股票代码和名字。

我有一个由30只不同ETF组成的投资组合，每只ETF都有市场风险，我该如何让它们更全天候？当然，我给它们择时！使用我将在本章末尾详述的3个指标，我在模拟交易员平台（SimTrader）上利用相同的12.4年期间的数据回测了这20只基金。

随着时间的推移，模拟结果与我在现实世界中所经历的非常接近。做多ETF策略在长期牛市期间非常有利可图，在过去的时间里我们经历了很多这样的事情。在持续的熊市期间，会套现ETF并保留现金资产。在横盘期，选择投资时机可能会很困难，

交易代码	ETF全名
EEM	IShares MSCI新兴市场（Emerging Market）
GNR	SPDR 全球自然资源（Global Natural Resources）
IWO	IShares 罗素2000成长型（Russell 2000 Growth）
JNK	SPDR 高收益债券（High-Yield Bond）
KBE	SPDR S&P银行（Bank）
KRE	SPDR 区域银行（Regional Banks）
SPDW	SPDR 发达国家（不含美国）（Developed World, Ex-US Stocks）
SPSM	SPDR S&P 600 小盘股（Small-cap Stocks）
XAR	SPDR 航空航天与国防（Aerospace & Defense）
XBI	SPDR 生物科技（Biotech）
XES	SPDR 油气设备与服务（Oil & Gas Equipment & Services）
XHB	SPDR 建筑商（Homebuilders）
XLB	SPDR 材料业精选（Material Select Sector）
XLC	SPDR 通信服务（Communication Services）
XLE	SPDR 能源业精选（Energy Select Sector）
XLF	SPDR 金融业精选（Financial Select Sector）
XLI	SPDR 工业精选（Industrial Select Sector）
XLK	SPDR 科技业精选（Technology Select Sector）
XLP	SPDR 消费品（Consumption Staples）
XLU	SPDR 公共事业精选（Utilities Select Sector）
XLV	SPDR 健康护理精选（Healthcare Select Sector）
XLY	SPDR 消费者精选（Consumer Discretionary Select Sector）
XME	SPDR S&P 金属与采矿（Metals & Mining）
XOP	SPDR 油气勘探与生产（Oil & Gas Exploration and Production）
XPH	SPDR 药品（Pharmaceuticals）
XRT	SPDR S&P零售（Retail）
XSD	SPDR S&P半导体（Semiconductor Sector）
XSW	SPDR 软件与服务（Software & Services）
XTL	SPDR S&P电信业（Telecom）
XTN	SPDR S&P 交通（Transportation）

图5.5 我目前使用的产业ETF列表（可能会发生变化）

模拟交易员（SimTrader）

- 回测时间段：2010年1月1日到2022年6月1日（12.41年）
- 初始投资100,000美元，每次新的交易信号出现100%投资股票指数，并长期持有
- 3个指标引擎
- 21天（唐奇安通道21天；肯特那通道21天，参数2.3，这是两个交易指标的另一个参数；布林格通道21天，买入交易使用参数2.0，卖出使用50天布林格通道。）

统计	上涨信号的结果	下跌信号的结果
复合平均增长率（CAGR%）	24.043	0
夏普比率（Sharpe Ratio）	0849	0
萨帝诺比率（Sortino Ratio）	1.110	0
回报与平均下跌比值（Return/Average Drawdown）	3.402	0
回报与最大下跌比值（Return/Maximum Drawdown）	0.492	0
最大下跌%（Maximum Drawdown）	−48.859	0
总交易数目（12.41年）	1048	0
盈利交易数目（Winning Trades）	411	0
损失交易数目（Losing Trades）	607	0
盈利交易比率	42.080	0
盈利因子（盈利交易的总利润/损失交易的总损失）（Profit Factor, Profit on Winning Trades/Loss on Losing Trades）	$1.50	0
总利润（Total Profits）	$1,290,977	0

图5.6　对于产业ETF的择时—无卖空

很多小损失可能会累积起来。

当一个行业呈向上趋势时,我在利用积极的风险。我正在攻击该板块下跌的负面风险。在市场毫无起色的时候,我试图坚守自己的阵地。在我看来,这就是全天候。

我们应该在择时投资中寻找什么

择时只会在市场大幅波动时产生利润或避免损失。没有波动意味着没有利润或风险,所以你应该寻找的第一个标准是自由的波动。物体移动得越远,择时工具就越好。

第二个标准应该是流动性。大多数交易工具都有所谓的买卖价差。买入价是买家愿意为该物品支付的最高价格。卖出价是卖方愿意出售该物品的最低价格。如果在某一时刻,买入价与卖出价相等,交易就发生了,买卖双方都得到了他们想要的价格。

具有大交易量和高流动性的市场买卖价差最小,因此无效交易的成本最低。我们要寻找规模较大的公司、成交量较大的市场以及过去买卖价差较小的交易工具。

在选择择时投资集合的候选者时,使用的另一个标准是高波动性。一种工具移动得越快,就越能成功地接受或管理风险。许多经纪商平台将历史波动率作为众多标准之一,你可以使用它从众多可能的候选者中筛选合适的择时投资工具。

杠杆/反向交易ETF

基金经理创造了各种各样的ETF，它们的风险敞口与传统的共同基金截然不同。你现在可以找到像三倍杠杆指数基金一样运作的基金，或者购买反向基金，当其所基于的指数下跌时产生利润。其中一些新基金的杠杆和方向灵活性为希望把握择时投资的交易员提供了一个机会，如果择时投资者决定使用它们，就可以构建各种激进的仓位。但是，要小心这些工具。拥有它们的成本可能更高，当仓位对你不利时，其中一些的杠杆可能会变得很可怕。

选择IRA/401K或递延税/免税择时投资组合

对于递延纳税或免税投资组合中的投资选择择时有价值吗？有很多人告诉我，他们不能出售投资组合中的仓位，因为"我的价值比买入时下跌了"。这种想法是误导人的。在税收方面，IRA、401K、养老金计划或其他税收优惠投资组合的法律允许的架构内买卖投资几乎没有什么后果。这意味着一美元的现金和一美元的股票、一美元的债券或任何东西几乎是一样的。只需在电脑上点击几下鼠标，交易成本极低，你就可以从一项投资转移到另一项投资，而且不会产生任何税收上的后果。

从逻辑上讲，你没有理由强迫自己一直处于亏损状态。在你的投资组合中，它的价值就是你需要考虑的价格。你在哪里买的，什么时候买的，几乎是没用的。在投资组合中锁定你的仓位以产生利润或降低风险是唯一重要的事情。

总结：在这些具有税收优惠的投资组合中，择时也是规避风险的好方法，因为创造已实现的收益或损失不会产生税收上的后果。在这些投资组合中，一美元就是一美元。❶

我们要考虑的择时指标

世界上有多少交易员，就可能有多少择时指标和相应设置的参数集。我称这些指标为买入/卖出引擎。顾名思义，引擎是创造运动的东西，而买入/卖出引擎创造买入或卖出的动作。那么，我在一个有用的买入/卖出引擎中寻找什么呢？让我们来看一些注意事项。

首先，我想要一些简单的东西，编写计算机程序来计算每个周期。我应该很容易地向别人描述指标的逻辑，让他理解这个指标。一个简单的买入/卖出引擎应该毫无疑问地告诉你该做什么：买或是卖，还是什么都不做。

此外，我喜欢具有最小参数数量的指标。杰克·施瓦格是

---

❶ 在西方发达国家，投资股票的资本利得和股息是要缴税的，典型的西方发达国家，例如澳大利亚，是把投资收入与个人所得合并计算，所以在投资股票中产生的一美元获利，可能需要缴税30美分。——译者注

"金融怪杰"系列的作者，他本身就是一位成功的交易员。在我和他的一次谈话中，他使用了"限制程度"这个词。他指的是这样一个概念：你需要在一个指标中指定的参数越多，你就会在使用这个指标上受到更多的限制。参数越多，指标在处理未来面临的各种情况时，鲁棒性就越差。因此，我更喜欢参数少的指标。

其次，我更喜欢那些能够明确指示市场方向的指标，虽然缺乏明确的指示性也可以。我喜欢包含噪声区的指标，即正常价格变动可以忽略不计的指标。较大的价格变动可以触发向上或向下的方向信号，分别给交易员一个明确的买入或卖出信号。我不喜欢移动平均线，因为它没有噪声区。

最后，我认为周期性地"优化"一个指标或它的参数并不是一件令人愉快或合乎逻辑的事情。50天移动平均线可能只有一个参数，这很好。然而，在某一年，50天可能是产生信号的最佳时间，而在下一年，这一时间甚至都不接近最佳时间。我寻找能够适应不同市场状况的指标。如果市场变得更加不稳定，我希望指标自动给我一个更宽的噪声带。在稳定时期，我希望价格波动水平收紧，以更及时地触发信号。

我最喜欢的3个趋势跟踪指标

唐奇安通道背景知识

几十年来，我一直使用的最简单的指标之一是理查德·唐奇安（Richard Donchian）提出的技术指标。几十年前，我有幸在一次交易员私人晚宴上听了他的演讲。唐奇安通道是一个以他的名字命名的指标。

他的理论很简单，该指标易于构建和使用。他创造了一个高于和低于正常价格运动的通道。他只选择了一个参数，即他回顾价格数据的周期数。

在上行信号时买入，在下行信号时卖出，其余时间什么都不做。唐奇安通道指标很简单，只有一个参数，有一个噪声区。当价格在波动期间波动较大时，噪声区会扩大；而在平静市场时，波动较小，噪声区会缩小。这个指标就是一个守门员。

唐奇安通道定义

取最近X天的最高价和最近X天的最低价，并在价格走势上方和下方绘制通道，以显示过去X天的极端价格。在这两个极端价格之间的区域被认为是噪声区，将被忽略。在高于通道的上方，交易员可以说市场处于上升趋势。在低于通道底部的下方，人们可以看到市场的方向是向下的。唐奇安通道的一个优势是，它可以测量特定时期内最远的价格偏离。

肯特那通道的背景知识

另一个很好的指标是肯特那通道（或称肯特那带）。公司金融研究所（The Corporate Finance Institute）这样描述肯特那带的历史：肯特那带是以美国谷物交易商切斯特·W. 肯特那（Chester W. Keltner）的名字命名的，他在1960年出版的《如何在大宗商品中赚钱》一书中描述了这一技术指标。

肯特那最初将其描述为10天的移动平均线，他最初的版本定义了指标的典型价格中线，它是最高价、最低价和收盘价的平均值 $\left(\dfrac{最高价+最低价+收盘价}{3}\right)$。中线上方和下方的线与中线有一段距离，该距离是过去10天交易区间的简单移动平均线。

在这里，总体策略是将收盘价高于上线视为强烈的看涨信号，而收盘价低于下线则为看跌信号。后来，琳达·布莱德福特·瑞斯柯（Linda Bradford Raschke）对肯特那通道进行了进一步的修正，她在不同的平均周期中添加了指数移动平均线和波段的平均真实波动范围（ATR）。

肯特那通道定义

该指标从指数移动平均线开始，然后根据波动率或ATR添加顶部和底部线，以创建噪声区。因此，肯特那带的指标计算简单，只有两个参数（时间周期和用ATR的多少倍来设置了顶部和底部波段），具有噪声带，并使用波动性测度（ATR）来设定扩大或缩小噪声区的顶部和底部。它符合我对好指标的所有标准。

肯特那带也有一个波动性成分，当市场变得积极或消极时，它会迅速调整。该指标的波动率以X天内的平均真实波动幅度（ATR）来衡量。该指标首先计算一个移动平均线（我喜欢指数移动平均线，但任何移动平均线都可以），然后在平均值上加上或减去ATR的倍数。在图表上画3条线。中线将是移动平均线，它很可能位于价格走势的中间，或者说位于价格噪声之间。顶线将是ATR（波动性）的倍数，因此是噪声的顶线。底线最终会成为噪声的底部。在噪声或顶部波段之上，市场处于上升趋势。低于底部波段，市场将趋于下跌。顶部和底部之间将是可以忽略的噪声。

布林格通道的背景知识

我使用的最后一个买入/卖出引擎是布林格通道（或称布林格带）。我在几十年前的一次时间规划会议上遇到的约翰·布林格（John Bollinger），他在20世纪80年代创造了这个指标。这一指标源于对自适应交易波段的需求，以及对动态波动性的要求，而不是当时普遍基于静态观察的技术指标。

布林格带可以应用于所有的金融市场，包括股票、外汇、商品和期货。它们可以在大多数时间框架中使用，从非常短的时间段到每小时、每天、每周或每月。

布林格通道定义

这个指标类似于肯特那通道，因为它从指数移动平均线开始。然而，布林格带使用的波动率测量不同于肯特那带的方法：它使用过去X个周期的价格标准差。像肯特那带一样，布林格带使用一个系数因子来放置两条通道线在噪声区域的上方和下方。具体方法是使用价格的标准差乘以系数因子来计算噪声区的高低线。布林格带计算起来很简单，有两个参数（时间周期和系数因子），有一个噪声区，并且随着价格的标准差上升或下降，噪声区可以动态地扩大或缩小，所以这个指标是我最喜欢的3个指标之一。

择时投资小结

在本章中，我们已经详细介绍了如何利用择时投资来承担风险或通过它来降低风险。我概述了3个例子,并展示了交易员如何通过一组简单的指标,采取择时投资策略戏剧性地改变风险格局。一般的哲学是,当风险似乎对你有利时,接受风险;当风险可能造成损害时,降低风险。

这不是一个完美的系统。你会有一段时间,在这期间当你发现风险不利于你的迹象时,市场很快就会耸耸肩,继续朝着对你有利的方向前进。择时会造成波动,通常也会伴随着小的损失。这是择时成本,在我自己的投资组合中使用择时的时候,这些成本是完全可以接受的。然而,重要的是要记住,在对你不利的价格波动的时间段是长期的时候,利用择时可以减少许多潜在的重大损失,在某些情况下,你甚至可以从这样的风险中获利。这取决于你作为一个全天候交易员是否值得享受巨大的价格波动带来的利润或者避免灾难性的损失。

第 6 章

对冲你的投资组合

在前一章中,我们研究了如何利用风险获利的市场择时投资的方法。当你设立一个择时投资计划,专门用来防范投资组合其他部分的负向风险时,它就变成了一种对冲策略。我在我的股票投资组合中使用这种方法。在任何时候,我都可能持有25到30只不同的ETF和一两只股票,通常我都是多头股票。如果股市出现下跌,这些证券肯定会随波逐流,所以我使用对冲策略来保护我的投资组合,此外,正如我们在上一章所介绍的那样,我还会对单个多头仓位进行择时。

我的投资组合往往是相当多元化的,但不管你在投资组合中持有多少股票,你都必须相信,如果以流行指数衡量的股市下跌了50%,你的投资组合很可能会不好过。如果不采取措施降低风险,大多数投资组合可能会损失40%至60%。

套期保值只是试图创造利润来弥补损失。如果我的投资组合在长期熊市中可能会损失很多，而我可以创造利润来弥补其中的一部分，我就降低了风险，让自己对整个过程感到轻松。

我在现实中的例子

在我的行业择时投资策略中，我观察了20个不同的行业ETF，在向上信号时买入，在向下信号时卖出。我很少看到所有20只基金都出现上涨的信号，我也很少用这种策略完全持有现金。所以，在任何时候，在对ETF择时投资时我都有一些意料不到的股市下跌导致损失的风险。因此，我使用指数对冲策略来管理其中的一些风险。

首先，我必须选择我的对冲工具。由于我的大多数ETF涵盖了整个股票市场，我决定使用标准普尔500指数期货合约（股票代码ES）作为对冲工具。我认为我在ETF上的损失风险很可能出现在股市下跌的时候，所以我决定在每一个下跌的迹象出现时卖出对冲，在每一个上涨的迹象出现时买回对冲。有了对冲基金，我的ETF投资组合就可以无拘无束了，我可以让马儿自由地奔跑了。

我选择期货的原因有很多。首先，我了解期货，因为我做了40多年的期货交易。其次，目前的税收规则规定，长期资本收益的60%和短期资本收益的40%要纳税。最后，冲洗交易规则（Wash-Sale rule，也叫假售回购禁令，一种防止洗钱的法律条文）在这里不适用，所以如果你需要，你可以在更短的时间内执行多个对冲交易。我是个交易员，不是税务专家。然而，我确实认为用期货来对冲我的投资组合对我来说是一个明智的决定。如果你决定使用期货来对冲你的投资组合，你应该咨询你自己的税务专家并听从他的税务建议。

根据我之前关于上涨和下跌时期的研究，我注意到股市上涨的时间比下跌的时间要长得多。我决定利用这项研究，并据此来改变指标产生上行信号还是下行信号的灵敏度。我让下跌信号更难触发对冲交易，而让买入信号更容易触发对冲交易。我决定，对于我的投资组合来说，50天将是触发对冲交易的合适衡量期，而只有21天将用于取消对冲交易。我使用了3个指标：唐奇安通道、肯特那通道和布林格通道，并决定在产生卖出信号的第一个指标上进行对冲，在产生买入信号的第一个指标上进行对冲。我目前使用的肯特那指标的系数是2.3，而布林格指标的系数是2.0。所有参数集如图6.1所示。

	唐奇安	肯特那	布林格
↓ 下跌方向的天数	50	50	50
↓ 下跌方向系数	N/A	2.3	2.0
↑ 上升方向天数	21	21	21
↑ 上升方向系数	N/A	2.3	2.0

图6.1 当前使用的对冲参数，可能会有变化

使用这些参数和模拟交易员平台，我只在ES期货合约上测试了下跌信号。我从一个1000万美元的模拟投资组合开始，这样投资组合中的任何仓位或我得到的回报都不会依赖于我的投资组合的规模。较小的投资组合和较大的投资组合的反应方式是类似的，但偶尔会由于仓位尺寸算法使得因为粒度问题而退出仓位。在投资组合中使用大量的资产进行模拟，可以让你更真实地了解你所创建的逻辑和数学在回测期间的效果。过去几十年股市总体上是上涨的，因此对冲应该付出一些代价，事实也确实如此。向上的信号会让投资组合获得利润，事实确实如此。图6.2所示总的来说的净结果是，投资组合的灾难性下行风险降低了，一些风险回报指标得到了改善，最大回撤量如预期的那样降低了，由于多元化的积极作用，总利润增加了，这有助于增加投资者权益。

我从运行模拟交易员平台那里得到的一个典型问题是："当整个模拟过程都在赔钱时，我为什么要添加只对冲策略？"答案是，平滑权益曲线有助于产生可预测的利润，并避免一些灾难性的损失，这些损失需要非常大的回报来弥补。交易员可以从熊市对冲中获利，以更低的价格买入更多股票，从而提高风险回报率。从长远来看，两者结合的策略可以保持交易员心理平衡，这种能力比大多数交易员意识到的要重要得多。在我看来，这太重要了，我不会考虑在糟糕的大熊市里没有对冲策略的情况下做多股票。

模拟交易员（SimTrader）

- 回测时间段：2010年1月1日到2022年6月1日（12.41年）
- 初始投资100,000美元，每次新的交易信号出现100%投资股票指数，并长期持有
- 3个指标引擎
- 21天（唐奇安通道21天；肯特那通道21天，参数2.3，这是两个交易指标的另一个参数；布林格通道21天，买入交易使用参数2.0，卖出使用50天布林格通道。）

统计	买入并持有	只做对冲	两者结合
复合平均增长率（CAGR%）	11.960	-4.161	11.079
夏普比率（Sharpe Ratio）	0.934	-0.453	1.013
萨帝诺比率（Sortino Ratio）	1.119	-0.655	1.275
回报与平均下跌比值（Return/Average Drawdown）	7.757	-0.695	6.812
回报与最大下跌比值（Return/Maximum Drawdown）	0.396	-0.230	0.554
最大下跌%（Maximum Drawdown）	-30.192	-18.090	-19.993
总交易数目（12.41年）	1	9	29
盈利交易数目（Winning Trades）	1	2	10
损失交易数目（Losing Trades）	0	7	19
盈利交易比率	100	22.222	34.483
总利润（Total Profits）	$305,682	-$14,875	$267,832
总利润（Total Profits）	$1,290,977	0	

图6.2　ES对冲择时

你该对冲多少

现在我们有了对冲投资组合风险的计划,我们要回答一个问题:"对冲应该有多大规模?"如果你有一个10万美元的多元化股票投资组合,做多10只不同的股票,每份1万美元,我们如何计算在熊市中需要多少对冲来保护自己?

计算这个问题的最简单的方法是,将对冲金额与投资组合的股票仓位相同。因此,交易员可以卖出面值10万美元的指数期货,并意识到尽管指数不会像投资组合中的股票那样精确地移动,但风险已经大大降低。

这种简单化的方法有什么问题?你没有考虑投资组合和对冲的移动速度,也没有将它们匹配起来。通过使用简单的金额,你可能有太多的对冲仓位或不足的对冲仓位。公用事业股的投资组合将比对冲仓位移动得慢。波动性较大的科技股投资组合可能比对冲仓位变动得更快。在这些例子中,对冲仓位与投资组合不匹配。更糟糕的是,直到对冲交易完成并平仓,你才会知道是哪一个。

衡量有效对冲的一个简单方法是衡量投资组合的波动性。在一段适当的时间内,每天使用一个简单的移动平均百分比,你可以确定对冲仓位的规模可与股票投资组合的波动性相匹配。如果你有同样的10万美元的股票投资组合,在过去50天里,每天变动的平均百分比是0.3%,而对冲仓位每天变动的平均百分比也是0.3%，那么你需要10万美元的对冲面值来匹配投资组合。然而，如果对冲波动率为0.15%，则需要两倍的对冲，即20万美元的面值才能匹配投资组合。

你应该用什么做对冲

并不是每个人都像我一样了解或熟悉期货对冲交易。一些股票经纪公司甚至不提供进入期货市场的机会，因此交易员在决定使用哪种对冲工具时需要评估他们的选择。如果你的投资组合是在一家允许股票和期货的经纪公司，那么你可以按照上面的例子，使用带有趋势跟踪指标或一组指标的期货合约，以这种方式进行对冲。

另一方面，如果你的投资组合所在经纪公司不允许你投资期货，你可能不得不使用其他方法来对冲你的投资组合。如果你有保证金账户，你可以做空与你的投资组合密切相关的指数ETF。例如，如果你的投资组合中主要持有科技股，你可能想使用纳斯达克指数ETF，比如在股价下跌时做空纳斯达克指数ETF，在股价上涨时卖出纳斯达克指数ETF。

我曾与一位持有环太平洋地区股票投资组合的交易员交谈过，因为他经常在该地区旅行，他对持有他有所了解的公司的股票感到很舒服。他发现一只环太平洋指数ETF与自己投资组合的走势密切相关，并利用该指数ETF作为做空工具，在下跌期间对冲投资组合。这是一个很好的例子，说明你仔细考虑了你的对冲工具，并将其与你自己的投资组合相匹配。

在我妻子的IRA账户里，我遇到了一个不同的问题。在IRA内部，由于IRS对IRA的规定，我不能对交易所交易基金执行卖空操作。我解决了这个问题，买进了3只杠杆反向基金，比如SPXU股票，买入了适量的多头。这样，我在IRA中又多了一个多头仓位，但投资组合仍然是对冲的。

寻找自己独特的全天候对冲策略

我已经介绍了多种对冲投资组合的方法。但由于本书的每位读者都有不同的投资组合需要对冲，因此每种解决方案都应针对要解决的对冲难题进行订制。有些人可能会使用简单的期货合约，而其他人可能会使用ETF或反向ETF来降低投资组合中的市场风险。

对我来说，重要的是要认识到，采取措施减少投资组合的行为和你随后将遭受的痛苦并不一定是完美匹配的。当你考虑到由于危险的仓位、不利的市场走势或即将发生会让你受到伤害的重大事件而承担的巨大风险时，对冲你的投资组合可以帮助你创建一个经得起市场动荡的全天候投资组合。

第 7 章

极端多样化

什么是极端多样化

想象一下，你是一个亿万富翁，你的资产遍布世界各地，分布在不同的时区、不同的市场，拥有一个庞大的期货投资组合，每个仓位都是多头或空头，还有房地产和货币仓位。你认为典型的一天是什么样的？在所有这些投资中，你会看到一定比例的利润，而在其他投资中，你可能会看到一些损失。最终的结果是：如果盈利仓位的收益超过不盈利仓位的损失，那么你的总投资组合就又有一个有盈利的日子。

虽然大多数阅读这本书的人（和作者）不是亿万富翁，但我们仍然可以利用一些极端的多样化想法，帮助我们自己平滑我们的投资业绩。我们可能无法在全球范围内建立数千个仓位，但好消息是，如果我们可以甚至只建立10个或20个相关性非常低的仓位，我们也能看到一个波动性较小的投资组合。

什么是相关性，为什么我们要保持低相关性

相关性是一个统计概念，衡量投资组合中两个项目的相似程度。如果A股和B股都是能源行业的大公司，今天油价下跌1%，这两只股票都可能受到负面影响。如果A股当天下跌了0.75%，B股也下跌了0.75%，我们可以说这两只股票有100%的相关性或者说相关系数为1。这意味着我们预计这些股票的走势会完全一致。相关性通常是在许多天的时间内测量的。

价格变动是涨是跌并不重要。如果它们一起移动，相关性是100%。但如果股票投资组合下跌5%，而对冲基金，如上一章所述，上涨5%，那么相关性是什么呢？这两个项目将完全负相关或具有-100%的相关性，相关系数为-1。这对于对冲来说是很好的，因为我们正试图用对冲的利润来抵消投资组合中某一部分的潜在损失。然而，这并不是我们在建立一个极端多样化的投资组合时想要的。像这样的工具总是会相互斗争，损害盈利的潜力。

我们必须寻找不相关或相关程度低的投资工具。为什么？我们希望多元化投资组合中的任何两个项目都能各行其是。一个不关心另一个在做什么，所以两个都可以向下，也可以向上，或者

一个朝我们的方向移动，另一个朝我们的反方向移动。它们彼此独立。这有助于整个投资组合的稳定，也是全天候交易员可以用来平滑投资业绩的另一个工具。

相关性表格的例子

当我开始从事资金管理业务时，只有几种方法可以使你的股票投资组合多样化。你可以买不同行业或不同国家的股票。这并不理想，但这样你也可以对投资组合产生一些积极影响。

今天的快节奏、电子驱动的经济使世界变得很小。如果纽约度过了艰难的一天，那么悉尼、东京、香港、巴黎和伦敦很可能也会度过艰难的一天。

图7.1展示了丹尼斯·P. 奎恩（Dennis P. Quinn）和汉斯—乔奇姆 沃斯（Hans-Joachim Voth）在他们关于全球资产相关性的研究中总结的20世纪全球股票市场相关性。它清楚地表明，这种通过跨国投资获得多样化的旧方法正在消失。

另一个明确指出全球多元化潜力不足的例子可以从我在2022年6月绘制的相关性矩阵（图7.2）中看到。任何高于0.80的相关性都表明，表中X轴和Y轴显示的两个市场之间存在非常高的相关性。接近0.0的具有较低的相关性（缺乏相关性），这将是一个可以进行跨国多样化的地方。

你可以看到，在市场恐慌期间，世界上大多数市场是高度相

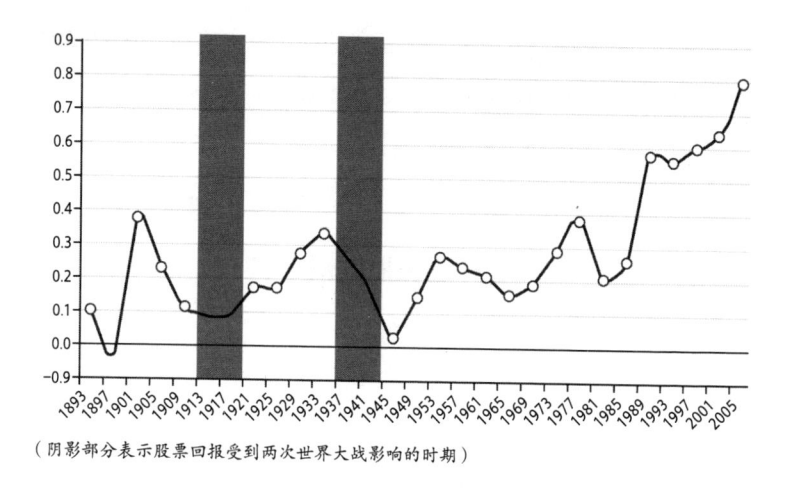

(阴影部分表示股票回报受到两次世界大战影响的时期)

图7.1　20世纪全球股票市场的相关性

关的，在2022年上半年的熊市期间，它们的行为是同步的。在这一危险时期，考虑到不同国家市场之间的关联性，很难找到藏身之处。

你也可以看到个股之间同样缺乏多样化。当股市在2008年遭受重创时，纽约证券交易所的暴涨和新高不复存在。简单来说，这意味着大多数股票在创出新低，如果你拥有股票投资组合，你就无处可藏了。

哪些市场是不相关的

我花了几页来说明，由100%的股票组成的投资组合正变得非常相关。我预计，在危机时期，当恐慌倾向于在市场上反映

国家市场指数	R2000	NAS	S&P	NAS	DAX	CAC40	SEOUL	ALL ORDS	NZSE	NIKKEI
罗素2000指数（美国）	1	0.96	0.99	0.94	0.77	0.90	0.82	0.83	0.87	0.61
美国纳斯达克综合指数	0.96	1	0.97	0.88	0.67	0.83	0.77	0.77	0.87	0.56
标准普尔500指数	0.99	0.97	1	0.94	0.75	0.90	0.84	0.85	0.91	0.56
英国纳斯达克综合指数	0.94	0.88	0.94	1	0.82	0.92	0.87	0.90	0.86	0.60
由德意志交易所集团推出的一个蓝筹股指数	0.77	0.67	0.75	0.82	1	0.93	0.85	0.74	0.61	0.65
巴黎券商工会指数	0.90	0.83	0.90	0.92	0.93	1	0.91	0.88	0.80	0.62
首尔综合指数	0.82	0.77	0.84	0.87	0.85	0.91	1	0.91	0.84	0.45
澳大利亚市场指数	0.83	0.77	0.85	0.90	0.74	0.88	0.91	1	0.92	0.48
新西兰市场指数	0.87	0.87	0.91	0.86	0.61	0.80	0.84	0.92	1	0.44
日经225平均指数	0.61	0.56	0.56	0.60	0.65	0.62	0.45	0.48	0.44	1

图7.2 世界股票市场相关性

时，由100%的股票组成的投资组合可能会受到影响。早在20世纪80年代，作为一个只做多的股票投资组合经理，我就决定在我的投资组合中增加一些可能在股市经历周期性的灾难性崩盘时

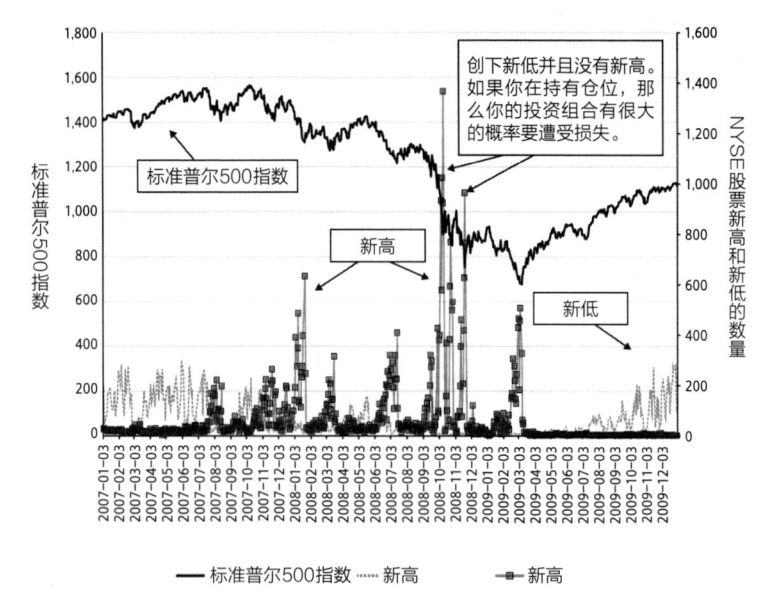

图7.3 S&P 500指数 VS. NYSE股票新高和新低的数量

产生利润的东西。我想要一种我可以做多或做空的东西，这种东西要能避税、流动性好、易于交易。我认为期货具有所有这些特征，并开始利用它们。查看摩尔研究中心（Moore Research Center）提供的各种期货合约和所有不同相关性的矩阵（图7.4）：

阴影的方框表示相关性，要么是极大的正值，要么是极小的负值。在高度正相关的情况下，你不会得到太多的多样化。在高度负相关的情况下，你投资组合中的仓位可能会相互争斗。阴影的数字要么大于等于80，要么小于等于-80。在摩尔研究所（Moore Research）测量的90天内，这些都不是很好的分散投

	YM	NQ	NK	US	ED	EU	JY	GC	PL	HG	CL	NG	KC	CC	SB	W	S	CT	LC	HE	LB
YM		73	70	23	9	4	-35	22	-4	3	-15	-18	-6	-24	8	10	-11	0	10	-32	7
NQ	73		80	73	45	-6	9	0	-30	-32	-70	-18	-10	-56	41	42	-55	-42	-7	-62	-24
NK	70	80		50	65	35	11	-25	14	-7	-47	21	-46	-22	64	28	-67	-44	-43	-69	-50
US	23	73	50		60	-5	53	-25	-42	-55	-89	-13	-21	-64	50	33	-73	-69	-26	-68	-41
ED	9	45	65	60		55	69	-36	8	-31	-65	-49	-76	-14	76	3	-94	-77	-81	-85	-76
EU	4	-6	35	-5	55		42	-17	51	23	7	62	-7	-79	34	-37	-38	-42	-33	-64	-41	-55
JY	-35	9	11	53	69	42		-35	-5	-47	52	37	-50	-2	57	0	-68	-60	-61	-52	-59
GC	22	0	-25	-25	-36	-17	-35		50	27	40	-18	26	6	-6	38	33	35	28	35	18
PL	-4	-30	14	-42	8	51	-5	50		45	56	62	-39	42	23	7	6	35	-23	17	-45
HG	3	-32	-7	-55	-31	23	-47	27	45		56	8	36	-30	-23	37	29	16	31	26
CL	-15	-70	-47	-89	-65	7	-52	40	56	56		18	19	59	-45	-25	76	81	35	73	32
NG	-18	-18	21	-13	-49	37	-18	62	8	18		-68	50	-47	-14	-32	-11	-23	-23	-74
KC	-6	-10	-46	-21	-76	-7	-50	26	-39	8	19	-68		-13	-52	26	64	50	47	79	61	70
CC	-24	-56	-22	-64	-14	-79	-2	6	42	30	59	-13		-36	3	6	-25	-5	34	5
SB	8	41	64	50	76	34	57	-6	23	-30	-45	50	-52	-36		34	-75	-51	-55	-56	-72
W	10	42	28	33	3	-38	0	38	7	-23	-25	-14	26	-36	34		-15	10	17	-1	-29
S	-11	-55	-67	-73	-94	-42	-68	33	6	37	76	-32	64	30	-75	-15		84	77	90	69
CT	0	-42	-44	-69	-77	-33	-60	55	35	29	81	-11	50	25	-51	10	84		63	81	41
LC	10	-7	-43	-26	-81	-64	-61	28	-23	16	35	-23	47	-23	-55	17	77	63		72	63
HE	-32	-62	-69	-68	-85	-41	-52	35	17	31	73	-23	79	6	-56	-1	90	81	72		52
LB	7	-24	-50	-41	-76	-55	-59	18	-45	26	32	-74	70	5	-72	-29	69	41	63	52	

股票代码的解释

YM：道琼斯30指数	GC：黄金	SB：糖
NQ：纳斯达克指数	PL：铂金	W：小麦
NK：日经指数	HG：铜	S：大豆
US：美国30年期国债	CL：原油（西得克萨斯）	CT：棉花
ED：欧洲美元❶	NG：天然气	LC：活牛
EU：欧元美元汇率	KC：咖啡	HE：猪
JY：日元	CC：可可	LB：木材

❶ 欧洲美元是指储蓄在美国境外的银行，不受美国联邦储备系统监管的美元。因此，这些美元比美国境内的美元受到更少的管制，有很强的灵活性。——译注

图7.4 摩尔研究中心（MRCI）的市场间相关性
（前90天—2022年2月1日）

资。然而，综观整个表格，你会发现绝大多数配对并没有高度的正相关或负相关性。很多组合在-0.5到0.5之间，即非相关区域。

这很有道理，不是吗？为什么木材会关心生猪在做什么？日元交易员会关心棉花价格吗？可能不会。因此，这些低相关性的市场可以按照自己的节奏行事，可以提供非常不同的回报流来稳定投资组合。这让我想起了老旧的汽车引擎的剖面图。

每个活塞在任何时候都处于不同的位置，有的高，有的低，但都在做着转动轴和推动汽车前进的工作。在极端多样化的情况下，如果所有可能的多样化仓位都有产生利润的积极机会，但在不同的时间产生利润，这样整体利润流可能更加稳定。

使用这些不相关的投资工具，交易员可以更接近神奇的多元化投资组合，这些投资工具真正独立运作，而不受投资组合中其他产品的影响。我花了4年时间做小额期货合约交易，才弄清楚我想用它们做什么，并从中获利，但当我达到这个目标时，它开启了一个全新的极端多样化的世界。那的确是一个非常美好的目的地!

以下是我在川特斯泰特资本担任注册商品交易顾问(CTA)期间的一个真实例子。受监管的期货行业必须从期货市场中获取回报,因此,当期货市场波动时,就有利润可赚,而当市场低迷时,CTA往往会遇到困难。这些盈利和不盈利的时期并不一定与这段时期的股票走势相关。

这里有一张由巴克莱对冲基金提供的图,它追踪了对冲基金和CTA行业的各种有趣指数(图7.5)。我使用的是巴克莱CTA指数,在它的网站上定义如下。

巴克莱CTA指数衡量的是已建立项目的综合表现。就这个指数而言,已建立的交易项目是指具有4年或4年以上业绩记录的交易项目。一旦一个交易项目通过了这一为期4年的要求,其随后的表现就会被纳入这个加权指数,并在每年年初重新平衡。巴克莱CTA指数并不代表可投资的实际投资组合,因此指数表现结果应被视为假设性质,仅具有比较价值。我绘制了巴克莱CTA指数与标准普尔500指数的对比图。想象一下,你创建了一个投资组合,其中50%是用标准普尔500指数衡量的股票,其余的是巴克莱CTA指数作为期货投资组合的代表。从图表中可以看出,在历史上,CTA指数有几次有助于投资业绩,也有几次不利于投资业绩。这是它们不相关的另一种说法,也正是我们在极端多样化中所寻求的。

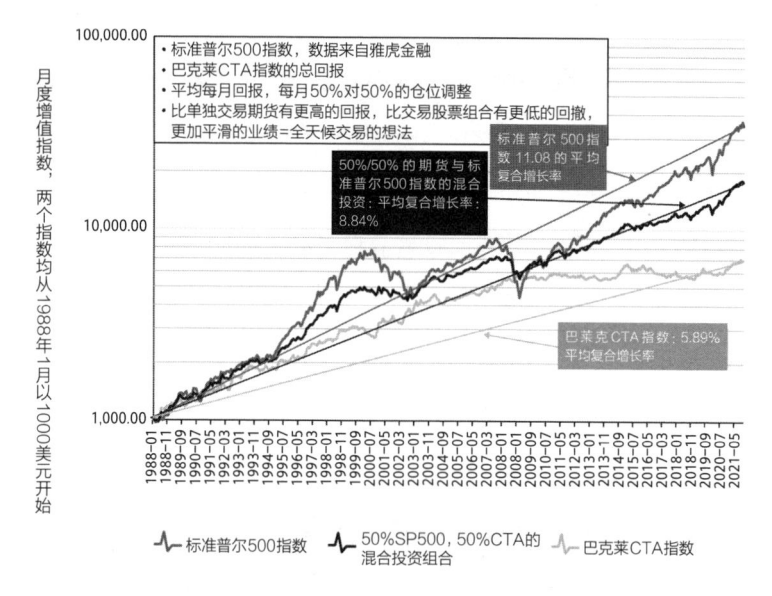

图7.5 巴克莱CTA指数和标准普尔500指数各投资50%的投资组合的回报表现

但期货是危险的，不是吗

我一直被问到这个问题，尽管我以保守交易员而著称，但我已经做了大约45年的期货交易。利用期货分散投资组合的关键在于杠杆的使用。虽然杠杆率高是危险的，但杠杆率低也几乎令人厌烦。

让我们以在芝加哥商品交易所（CME）交易的小型合约为例。这份小型合约是500桶原油的远期交货合同。假设价格是90美元/桶。这意味着一个交易员可以按面值购买4.5万美元的原油。

现在，如果你想让它变得非常危险，你拿出4,200美元作为芝加哥商品交易所要求的初始保证金，你以10.7比1的杠杆持有原油合同，这确实非常危险。如果你走到另一个极端，为合约支付全额现金，你将支付4.5万美元，没有杠杆，这在你的投资组合中是一个有点无聊的投资。大多数交易员会在两者之间的某个地方操作。你会有一些杠杆，但不会太多。

想想房地产。许多房地产购买是在支付10%到20%的情况下进行的抵押贷款。虽然有些是全现金，没有抵押贷款。但还有一些人，尤其在21世纪初，没有首付。如果你用现金买房子，并继续住在这所房子里，这是你整体投资组合中相当无聊的一部分投资。如果你首付5%，房地产价格的波动很快就会使得抵押贷款让你资不抵债。由于市场波动，在还清抵押贷款后，你的房子还剩下负资产。管理风险的很大一部分变成了管理杠杆。

期货保证金和股票保证金不一样

美国联邦储备委员会（FED）为股票设定了保证金利率，在我写这本书的时候是50%。经纪公司可以设定自己的保证金利率，只要它们至少和美联储的保证金规定一样严格就行。

在证券投资组合中，经纪人实际上是借给你投资组合价值的100%，允许你在股票的现金价值之外买卖额外的仓位。经纪人会按照短期利率向你收取这部分贷款的利息。由于期货合约只是在未来日期交付或接收的一定数量的某种东西,因此保证金具有不同的含义。它基本上是一笔诚信存款,让你的经纪人和交易所确信你有财务能力履行你在买卖期货合约时所做的承诺。在上面的原油例子中,交易所认为420美元足以提供这些保证。

期货的保证金水平可能会发生巨大变化。当市场完全疯狂时,交易所可能需要更多的"诚意金"来降低杠杆率,平息价格波动。当市场在很长一段时间内非常稳定时,交易所可以降低保证金要求,以帮助提高交易员参与市场的能力。

回到我在川特斯泰特资本担任CTA的时候,我们的保证金率是15%到20%。这意味着我们的平均仓位杠杆率是5比1。今天我的退休投资组合就处于这样的水平,保证金率在15%到17%。我想说的是,你可以在任何你想要的地方设置你自己的风险暴露水平。以较高的保证金杠杆率水平运行会更令人兴奋,以较低的杠杆率运行会让你在心理上更安全,但对投资组合的影响较小。你是你自己的全天候交易员。你可以决定在哪里切入。

许多读过这本书的小交易员会指出,他们在投资组合中买入价值4.5万美元的原油并不舒服,就像上面的例子一样。然而,计算一下,每桶90美元的原油价格每波动1美元,就像一只股票当天波动1.1%。每天都有很多科技股像这样波动。迷你合约已经进入了许多期货市场,我广泛地使用它们。芝加哥商品交易所特别擅长创建和交易能源、加密货币、贵金属、股票指数和其他大宗商品领域的小型市场合同。

通过时间段来多样化

对于我自己的投资组合，我更喜欢在中期来管理我的期货仓位。我已经退休了，不想整天坐在电脑前看着物价波动。我每天做一次决定，发一次订单，这是我真正需要看屏幕的唯一时间。在一天剩下的时间里，我宁愿做一些更有成效和更愉快的事情。

如果想要更多的行动，你可以通过时间段多样化来实现。假设你有一个最喜欢的买入/卖出的引擎/指标，以21天或大约一个月的交易日为基础运行。你可以添加另一个以9天或其他更短的时间段运行的指标。指标越短，你在策略中执行的交易就越多。更少的交易天数通常也更可能会将每份合约跌到你的止损水平。这可能会让你在管理你的投资组合上花费更多的精力，但在平滑投资业绩和为你的全天候投资组合增加风险对冲方面，这绝对是值得的。

期货覆盖你的股票投资组合

早在20世纪90年代和21世纪头十年，当我从全职专业资金管理岗位上退休时，一个概念就出现了，那就是在股票投资组合的基础上叠加一个受管控的期货策略。你想一下，如果对于一个10万美元的股票账户，你可以在你的投资组合中购买20万美元的股票。这会使你的投资组合产生杠杆，使出问题时的风险更大，对分散投资组合几乎没有帮助。这通常只是试图提高投资组合回报的一种方式。

如果我们拿出20%的股权，或者2万美元，用它来分散投资到一个小型的、多元化的微型期货投资组合中，用不同的策略管理，用不同的时间周期设置指标，会怎么样？我们在10万美元股权投资中交易期货，但只使用账户价值中的15%到20%来作为经纪商和交易所的"诚意"保证金。那我们还有8万美元的价值没动。我们现在有一个10万美元的股票投资组合，在同样的股权价值下，我们让这些钱在一些相互之间没有联系的多元化市场上加倍努力地工作。我们正在用股票投资组合"覆盖"期货投资组合及其仓位。

我在自己的交易中使用这个技巧已经20多年了。我看到它帮助我的投资组合多样化，使其更稳定，在某些期货市场疯狂时提供令人兴奋的回报，并使我的资金得到更有效的利用。可以把它看作战略上的多样化。我在用另一种策略用同样的股权进行更多样化的投资。

让我们做一个假设研究，将过去34年巴克莱对冲50强CTA指数（Barclay Hedge Top 50 CTA Index）和标普500指数的期货结合起来。然而，这一次我们将通过在股票投资组合上叠加期货来更大限度地利用资本。我假设在这种情况下允许100%的股

本价值中20%—25%用于期货仓位保证金。我对这个简单的研究进行了重新平衡,不包括保证金利息成本。以下是图表概述:

你可以看到,加倍努力地工作是有益的,但更重要的是,有期货覆盖的投资组合比标准普尔500指数更稳定。更多的回报和更好的稳定性正是这个全天候交易员所追求的。

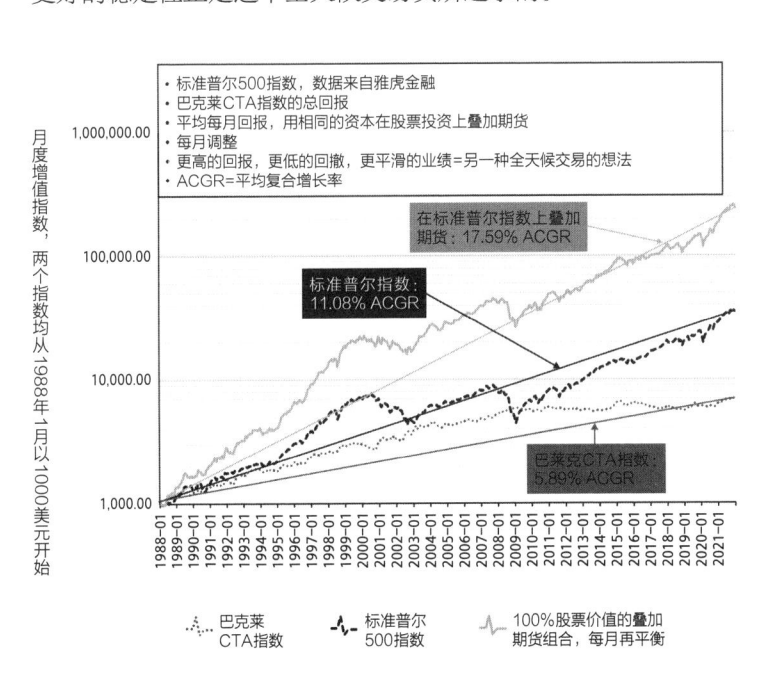

图7.6 股票叠加期货的例子

第 8 章

市场盘整——
如果市场毫无起色怎么办

在前面的章节中，我已经提出了使用各种市场、时间框架和策略进行交易的想法。然而，我所提到的一切都倾向于在市场上涨或下跌时表现更好。全天候交易员现在面临的挑战是他在横盘行情中会怎么做。如果从数学上讲，你必须低买高卖，或者高卖低买才能盈利，那么在横盘市场中，你会很挣扎。交易员需要利用市场波动来产生合理的回报。

在这一章中，我将向你介绍一些我用来应对市场在一段时间内停滞不前的想法。

横盘期会造成下跌

如果你看一下典型的期货交易或ETF择时投资策略的表现

图表，你会发现大多数下跌期是由价格行为造成的，这些价格行为造成了大量的买卖，其中大多数是小损失。这些交易永远不会对你有利到足以让你盈利。

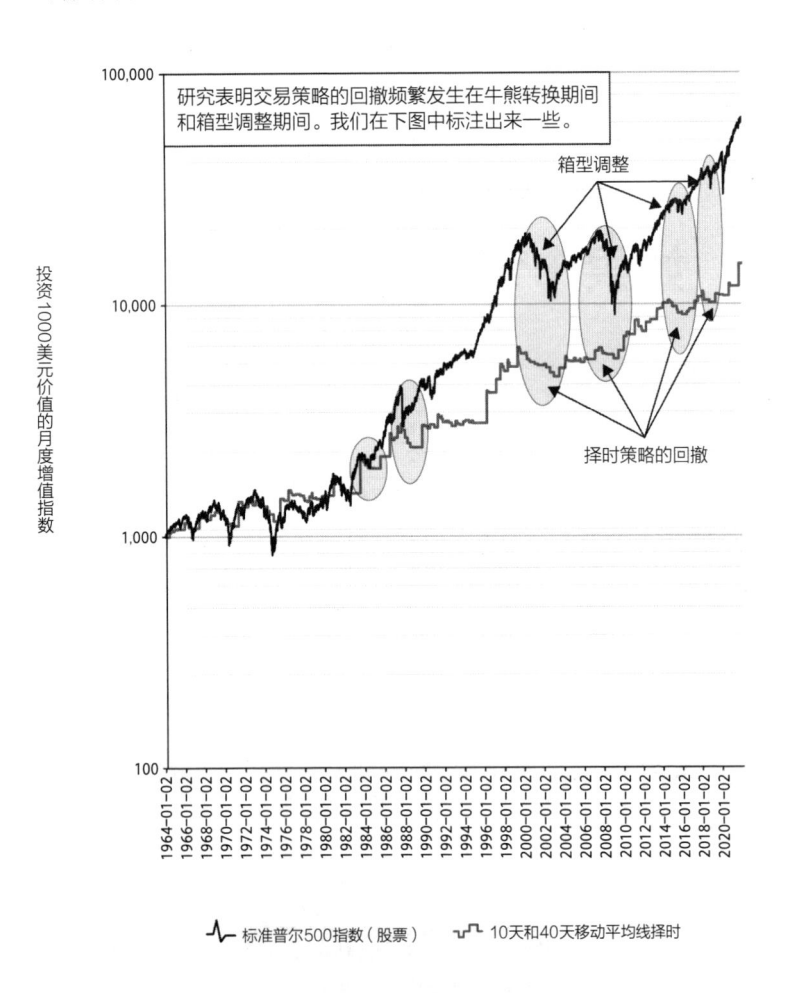

图8.1　一个期货叠加股票投资的例子

趋势跟踪在趋势上升时买入，在价格下降时卖出。在横盘市场中，这可能会导致震荡，交易员最终会连续多次买入和卖出，通常损失较小。在太多的市场上发生太多这样的事情，你不断地有陆陆续续小小的损失，这是一种精神上的煎熬。

我采用了一个简单的择时投资策略，并使用标普500指数与10天和40天移动平均线交叉指标进行择时，图8.1是我绘制的图表。你可以看到我在哪里做了标记，当交易工具来来回回多次改变了方向，或者基本上是横向的价格运动时，这些策略将会挣扎。

市场上的噪声

在第7章中，我们指出，在过去58年里，股市大约有60%的时间是横盘走势。这意味着你花在股市上的时间有一半以上是一无所获的。在这些时期，择时投资策略往往表现不稳定。同样，如果价格变动不大，就很难以一种能产生巨额利润的方式低买高卖。

然而，总会有这样一段时期，当市场上涨，接近新高，并获得超买时，只是为了耗尽动能，这种情况常常会转到横盘噪声市场。另一方面，有时当你处于噪声中时，价格变得可怕的疲软，交易员开始认为市场将再次下跌，但也只会看着它找到立足点并重新反弹到横盘噪声中。

这些从超买到超卖的小波动可以通过各种指标来衡量。震荡指标是实现这一目的的最佳工具；它们将市场当前的水平与过去X个时期的水平进行比较，在0到100之间标准化。100将是极度超买，并将警告潜在的反转。相反，如果读数为0，则会非常超卖，预示着可能反弹上行。在你最喜欢的买入/卖出引擎上加上一个较短的时间框架，这样你就有了一个策略，可以在价格普遍横盘运动时获得可观的利润。

图8.2是日元期货6个月连续合约走势图。对于超买/超卖指标，我使用了随机RSI，一种非常流行的震荡指标。我用了一个21天的周期（大约一个月的交易日）来衡量这种情况。我有一个简单的买入/卖出触发规则，比如在收到警告的方向上超过前一天的极端价格，我就会进入市场，并使用非常短期的趋势跟踪模型来决定是否平仓，这应该会给你提供短期反转套利机会，并在

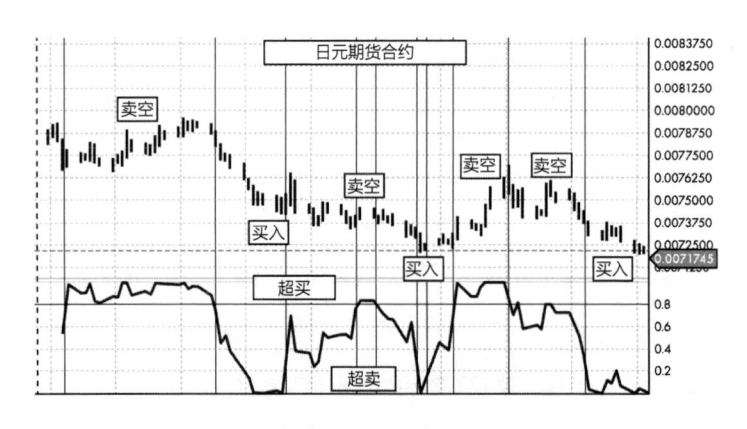

图8.2 使用震荡指标识别超买超卖条件

那些横盘期间获得小额利润。

偶尔，你会很幸运地进入一段较长的行情，这段行情会变成下一个大趋势波段。你会在行情启动中提早到达。这些策略的可靠性将达到50%，平均利润将接近平均损失。我不想单独交易这种策略。在强劲的牛市或熊市中，亏损的交易会源源不断地出现，考验你的耐心。但在这些时期，我通常会服从我的趋势跟踪模型来击败它，我会稍微放弃一些较大的变动，以便我的策略可以在我知道我的趋势跟踪模型会比较挣扎的时期保持投资组合的稳定。这一切都是为了抚平收益曲线，并能够应对市场的各种行情。

期权价差

一旦投资者开始谈论期权，我就会警惕起来。我发现期权方面的数据很粗略，投资策略的自动化程度也不高，所以在我的大部分交易生涯中，我都远离期权。我对希腊字母（Greeks）不感兴趣，对德尔塔（deltas）和伽玛（gammas）也不太感兴趣。然而，在过去的几年里，我发现了一种使用期权的简单方法，似乎可以在股市停滞不前时获得一些利润。在前面的章节中，我介绍了我花费时间在上涨、下跌和横盘市场中的研究。因为我知道我的趋势跟踪很难在横盘市场中获得高额利润，而这些时期是60%的时间，所以如果我能想出一个简单的风险限制方法来在这些时期获利，我就会得到整个时段内稳定回报的投资组合。

我确实做到了。我是这样做的。我用一个震荡指标来衡量市场是超买还是超卖。我用的是随机RSI，但大多数震荡指标的工作的方式都是类似的。选择你最喜欢的一个。然后，当市场出现超买时，我会在6至8天内卖出该股指的信用看涨价差。因为这是一个"信用"点差，当我在适当的位置开仓时，我会支付一定费用。如果市场确实在接下来的X天内横盘走势，直至到期，我将保留收到的信用。如果股票指数对我仓位在不利的方向上有四五个点，我就会损失一笔预先确定的成本。如果它的走势对我有利，信用会更快地归零，我有时会以极低的价格平仓，并在震荡指标显示超买或超卖的情况下建立另一个信用价差。

期权策略	交易设置	行权目标价	策略（风险/回报）	盈利条件
牛市看跌价差（Bull Put Spread）	卖看跌期权（Sell Put）/买看跌期权（Buy Put）	卖的看跌期权行权目标价高/买的看跌期权行权目标价低	有限损失/有限盈利	横盘、牛市和中度熊市
熊市看涨价差（Bear Call Spread）	卖看涨期权（Sell Call）/买看涨期权（Buy Call）	卖的看涨期权行权目标价低/买的看涨期权行权目标价高	有限损失/有限盈利	横盘、熊市和中度牛市

图8.3　牛熊价差策略总结

以下是在不同价格下发生的交易概况（图8.4），假设你在超卖情况下启动信用利差。指数刚好在425，所以我卖出目标价425的看跌期权，买入目标价420的看跌期权。注意，这种策略的利润和损失是有限的。与趋势跟踪不同，在趋势跟踪策略中，你的策略可靠性低于40%，平均利润与平均亏损比率为正的，不平衡的，在这种策略中，你的策略可靠性高于50%，更像是1∶1的平均利润与平均亏损比率。

这是一个简单的策略，每周最多花我一到两次每次几分钟的时间。它的赢家与输家的可靠比率相当高。当我知道我的其他策略会陷入困境时，它通常会带来利润。这就是为什么它是全天候投资组合的完美策略。

SPY价格	目标价425的看跌期权	目标价420的看跌期权	总成本	结束$	净收入$
426	0	0	-2.78	+0.00	+2.78
425	0	0	-2.78	+0.00	+2.78
424	1	0	-2.78	+1.00	+1.78
423	2	0	-2.78	+2.00	+0.78
422	3	0	-2.78	+3.00	-0.22
421	4	0	-2.78	+4.00	-1.22
420	5	0	-2.78	+5.00	-2.22
419	6	1	-2.78	+5.00	-2.22

图8.4　信用利差例子的不同结果的小结

均值回归

这是许多交易员在横向盘整市场中使用的策略。我不使用任何真正的均值回归策略，因为它可能是耗时的，但我可以添加它作为自动化交易的准入条件。这种策略的本质是，市场，尤其是横盘走势时，处于区间交易模式。这使得交易员可以在价格区间的底部买入，在价格区间的顶部卖出。尽管我目前没有使用它们，但这些策略对于最小化典型趋势跟踪策略造成的损失非常有用。

我的朋友、交易大师学院（Trading Mastery School）的劳伦斯·本斯多普（Laurens Bensdorp）在这里给出了一个简单的例子，告诉你如何构建均值回归策略。他在他的畅销书《自动股票交易系统》（Automated Stock Trading Systems）中详细介绍了这一点，这是我读过的关于多重系统交易的最好的、最易于阅读的实用书籍之一。

目标： 为了在一个上升趋势中购买股票，要在有一个显著的抛售时，购买它们，并观察它们恢复到平均或正常价格。

信念： 你假设股票在过去一直很强劲，已经喘了口气，并将继续上升趋势。

交易领域： 所有在纽约证券交易所、美国证券交易所和纳斯达克交易所交易的股票。重要的是要理解这将是一个低期望策略，因此需要一个大的交易空间，以便你获得足够的交易频率来完成整个策略。

筛选原则：

➢ 过去50天的日均成交量至少为50万股，这使得该股票具有足够的流动性。

➢ 过去50个交易日的平均美元交易量至少为250万美元，这是另一个流动性指标。

➢ 平均实际范围大于4%。你想拥有一只快速移动的股票，这样你就可以迅速回到平均水平，如果有的话，就可以获利。

设置：

➢ 收盘价高于100日简单移动平均线加上过去10天的真实平均波动范围。这表明股票有明显的上升趋势。

➢ 7天ADX（衡量移动的强度）。许多代理商平台上的数学定义大于55，显示出优于平均水平的运动强度。

排名： 从最高到最低的7天ADX，所以你的目标集中在显示ADX指标衡量下最强劲的股票。

进场： 以低于前收盘价3%的价格买入。交易员总是试图以更好的价格"突袭"这只好股票，希望它能站稳脚跟，迅速反弹到平均水平。

止损： 过去10天内低于执行价格的3个平均真实范围。这是一只不稳定的股票，我们需要给它空间来启动恢复过程。

获利了结：

> 最近10天的平均真实波动幅度，或

> 基于时间的：6天后，如果没有止损或获利，第二天在市场开盘时退出。很明显，在这一点上，这笔交易对你不利。

现在，我只是复制了劳伦斯在他的书中概述的确切策略作为例子。有成千上万种方法可以组合成一个均值回归策略，但我想给你们看这个，因为它包含了一个合理策略的所有基础。

逆趋势交易

我个人觉得做"纯粹的"均值回归交易很困难。除了我个人对在市场极端情况下下限价单感到不舒服（因为它把我的损失限制在价格未上涨的某个点上），它基本上是押注市场将转向并回归均值。市场有时会这样做，有时不会，特别是在非常稳定的上涨或下跌市场。我讨厌预测市场会怎么做，而均值回归都与预测有关。

逆趋势交易是均值回归的一种近亲。它有许多与均值回归相同的属性：

1. 它寻求从与长期趋势相反的短期逆转中获利。
2. 它有特定的买入/卖出点来进入仓位并限制风险。
3. 它利用超买和超卖的条件来建立交易。

4. 如果长期趋势强劲并持续下去，它的表现不会很好。

让我们进入我所认为的逆趋势交易。我会观察超买/超卖情况，并在相反的方向建立交易仓位。如果我使用的震荡指标表明市场在大幅下跌后出现超卖，那么我就会考虑买入。然后，我使用一个极短期的买入/卖出引擎来判断是否存在一个向上的趋势并作跟随交易。然后我在相反方向的指示牌处停车。❶

这些时间周期不同于我的长期趋势跟踪择时投资模型。当我想要捕捉长期趋势时，比如我的行业ETF择时策略，我用50天作为卖出止损点，用21天作为买入止损点。在逆趋势交易中，我会选择1到3天的交易，这取决于它是在期货市场还是股票市场。你可以在任何你想要的地方交易，但重点是使用它的时间要比你的投资组合中所使用的长期趋势跟踪模型的时间段短得多。你想在横盘行情中获利，所以交易时间会更短，盈亏比会更小，交易频率会更高。

因为逆趋势模型的损益比比典型的长期趋势跟踪模型要低，你会期望在交易中有更高的损益可靠性。在这些策略中，你应该争取超过50%的利润，但在有利的交易中，你会有较小的利润。我学会使用的一个技巧是建立一个正常的仓位，然后在交易风险与交易利润相等时平掉一半的仓位。通过这种方式，该交易立即

---

❶ 即在超买的时候平仓。——译者注

成为低风险交易,剩余的仓位可以像典型的趋势跟随策略那样运行,尽管时间可能会更短。

在查看这些运行的统计数据时,你可以注意到以下几点。首先,让我们记住,在长期和短期策略的情况下使用的是完全相同的投资组合。其次,还要记住,在这两种情况下都使用了同样的3个指标,即唐奇安、肯特那和布林格。通常,在现实世界中,我可能会把指标混在一起,以使指标多样化。短期模拟的交易数量超出了图表,在此期间达到19,750笔交易。要做到这一点需要做很多工作,对很多交易员来说可能并不容易,所以我想向你们展示,如何将不同的短期策略混合在一起,为长期策略提供一些多样化(图8.5)。

模拟交易员 (SimTrader)

- 测试时间段:2010年1月1日到2022年6月1日(12.41年)
- 短期策略描述:
  - 10,000,000美元,每笔交易的初始风险投资为0.1%,现有仓位的持续风险投资为0.2%
  - 3个指标引擎择时,3天
- 长期策略描述:
  - 10,000,000美元,每笔交易的初始风险投资为0.5%和0.2%的标准差,现有仓位的持续风险投资为1.0%和0.5%的标准差。投资组合最大风险投资为15%,最大的投资组合的标准差为7%
  - 3个指标引擎择时,21天
- 合并策略:
  - 两种策略100%的风险投资,连续调整平衡

统计	短期策略结果	长期策略结果	合并结果
复合平均增长率（CAGR%）	15.121	3.467	18.954
夏普比率（Sharpe Ratio）	1.563	0.343	1.187
萨帝诺比率（Sortino Ratio）	2.360	0.556	2.000
回报与平均下跌比值（Return/Average Drawdown）	8.730	0.700	4.835
回报与最大下跌比值（Return/Maximum Drawdown）	1.102	0.083	0.520
最大下跌（Maximum Drawdown%）	−13.720	−41.770	−36.462
总交易数目（12.41年）	19,750	3,188	9,148
盈利交易数目（Winning Trades）	7,046	1,114	6,212
损失交易数目（Losing Trades）	12,474	2,055	5,806
盈利交易比率（Win%）	36.096	35.153	35.618
盈利因子（盈利交易的总利润/损失交易的总损失）（Profit Factor, Profit on Winning Trades/Loss on Losing Trades）	$1.12	$1.07	$1.10
总利润（Total Profits）	$48,069,000	$5,028,000	$76,069,000
把两个策略一起作为独立项目			$53,097,000
动态调整总和策略的效益			$22,972,000

图8.5　26个期货市场的短期择时、长期择时和合并策略

动态地将多种策略混合在一起，通常会比用自己的运行单独投资股票的策略产生更好的利润。从本质上讲，每一种投资组合中都有一些资产挣扎在获利边缘，而另有一些资产收益很多。这使每个策略的利润变得平滑，并最终导致整个投资组合产生更多的利润。

长期策略并不会真的在很长一段时间都具有超高的回报，但它的交易要少得多。对于典型的趋势跟踪模型，这两个模型的可靠性百分比低于50%。将这两种策略结合起来，可以提高一些风险回报比，并在略微增加回报的同时降低总体下行风险。交易的数量也会减少，因为很多时候，两种策略可能在同一市场具有相反的方向，从而抵消了彼此仓位。模拟平台会正确地假设没有交易。

我可以一起运行更多的策略，并从统计数据中获得持续的好处。这就是为什么我目前在4个不同的时间段和多个指标上使用涉及40—70个ETF、期货和期权仓位的9种投资策略。每一个额外的策略都增加了工作量，但这可以让我的精神方面更集中在执行策略上，而不是在任何一笔交易或单一策略上变得情绪化。我得到了更好的风险回报，更低的下跌风险，更多的一致性，以及心情平静的能力。

第 9 章

填补 "坑洼"

我的朋友、经验丰富的交易员劳伦斯·本斯多普在前一章中提到过，他把在组合中加入更多的策略比作在你的股票曲线上填补"坑洼"。我喜欢这个比喻，通过它很容易想象你在做什么。当你现有的策略陷入困境时，增加一些不相关的策略、投资额外的市场和在额外的时间段交易，这些手段可能会产生利润，这将有助于填补坑洼。下面是一些"填充坑洼"的示例图表（图9.1），以便你对这个概念有一个直观的了解。

阴影区域是交易员最不自在的时候，他们可能会放弃精心设计的计划。我们试图填补"坑洼"的目标是制定更有可能在阴影区域时期和那种类型的市场行为中创造利润潜力的策略。

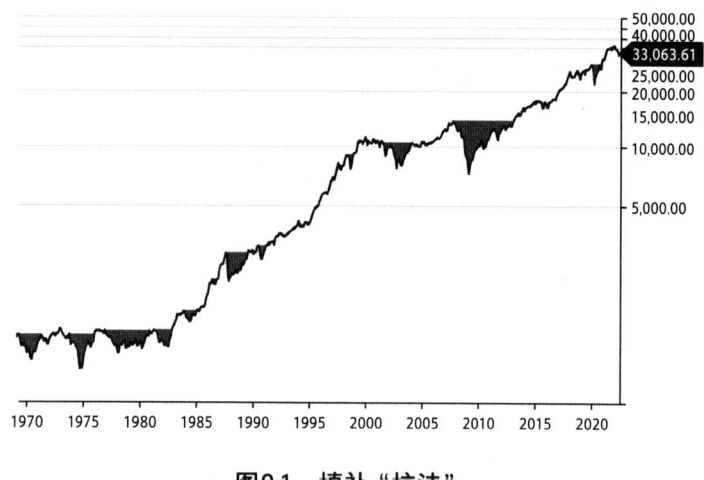

图9.1 填补"坑洼"

填补"坑洼"的一些简单例子

假设你从一个简单的长期、广泛只做多ETF的趋势跟随策略开始。你进行了一些模拟测试,没有人会感到惊讶,这个策略看上去在股票市场的上涨过程中产生了可观的利润,在长期的大熊市中能够保持现金,在从上涨到下跌的切换中和横盘期间有明显的缩水。

如果我们在股指期货合约中加入短期多头/空头趋势跟踪会怎么样?每次做空股指期货,整个投资组合都被对冲了,潜在的损失也被最小化了。在横盘期间,多头和空头交易可能会获得一些短期利润,从而降低长期战略中可能出现的代价高昂的拉锯战。你所做的就是理解一种策略何时、何地以及如何挣扎求生,以及为什么另一种策略可以弥补一些不足。

如果你只关注科技股呢？当包括许多这类公司在内的纳斯达克指数下跌时，你的投资组合将会亏损。那么，增加一个不包括任何股票相关头寸的多元化的期货合约的投资组合怎么样？极端多样化使得投资组合新加入的部分可能产生利润，以抵消你的科技股投资组合中的一些损失。

在另一个例子中，你每天执行一个策略。你是在股票市场涨跌两个方向沽空期权的专家。你的风险在哪里？嗯，如果你卖出的是看涨期权，而股市上涨了60%，你就有可能遭受巨大的损失。在这种情况下，你可能会做些什么来达成全天候交易的思维？或许你可以在类似的头寸上考虑长期策略❶，这样在失控的牛市或熊市中，你就可以在趋势跟踪中赚取大笔利润，以抵消你在卖出期权时所遭受的损失。在横盘期间获取期权权利金的策略应该表现很好，所以这两种策略将是协同的，有助于稳定你的整体结果并创造全天候效应。

我自己投资组合的一个例子

我采用了自己的一些策略作为例子，这些策略是我多年来拼凑起来的，我不会详细介绍每一个策略，因为其中一些我已经提

---

❶ 即买入看涨期权的标的物。——译者注

到过了。我给出的每种策略的名称应该足以让你们大致了解这种方法是在交易什么以及它在总投资组合中的重点是什么。我每次模拟使用1000万美元作为启动股本,以确保资本金不会排除一些策略或成为执行过程中设置头寸的阻碍。这使得模拟较少依赖权益资产,并提供了每个策略潜力一个更好的视图。本例的策略列表如下:

> 行业ETF择时——30个行业ETF,长期趋势跟踪

> ES期货套期保值——仅针对行业ETF择时的多头敞口进行的做空套期保值

> 多元化期货择时——26个市场,长期趋势跟踪

> NQ期货择时——使用短期趋势跟踪模型的多/空头寸

> 期货逆趋势——极短期的多/空头趋势跟随

> 加密货币期货择时——使用短期趋势跟踪对BTC/ETH进行的多/空头寸

你可以从表中看出发生了很多事。想要弄清楚这些需要一些自动化和组织大量的谜题信息碎片的能力,但如果你能像接下来的几页图中的全天候策略那样更多地组织自己的交易策略,那这个能力就是你可能获得的奖励。首先,让我们以我的行业ETF择时策略为投资组合基础,并添加一些ES期货对冲,看看它是如何影响业绩统计数据的(图9.2)。请记住,当我们结合策略时,必须减少对每一项策略的投入,这样我们就不会耗尽权益资

用字母表示的策略分配	A	B	C
模拟策略名称	行业ETF择时100%	ES期货套期保值100%	组合策略% 50/25
平均复合增长率%	+18.126	-0.627	+9.610
夏普比率	0.872	0.606	0.849
萨帝诺比率	1.150	0.884	1.116
MAR比率（回报/最大回撤）	0.467	0.066	0.451
平均回撤%	-4.527	-2.765	-2.411
最大回撤%	-38.830	-9.573	-21.311
回撤中最大时长	885天	4376天	884天
12.4年中总交易次数	1,048	28	1,076
12.4年中有正回报的交易次数	500	9	513
12.4年中有负回报的交易次数	548	19	563
赢率	47.710	32.143	47.677
12.4年中1000万美元的利润	$66,535,517	$731,263	$20,689,108
平均每次交易的利润系数	$1.56	$0.42	$1.66

图9.2 带有ES对冲的行业组合

本金。

看起来为了保护行业择时ETF的多头仓位，我们在利润和回报上付出了小小的代价，并且所有的风险回报比率都下降了。而且我们还不得不执行更多的交易。请注意，在我的组合策略中，只有50%的权益分配给了行业ETF择时，25%的权益分配给了ES对冲，由于去杠杆化，利润有所下降。接下来，让我们使用一些极端的多样化，并加入一个期货长期趋势跟踪投资组合，包括26个具有流动性市场的多头和空头。我们需要调整每个策略的百分比分配，以便我们可以将权益分散到其他策略上。结果如图9.3所示。

我们可以发现组合策略改善了一些风险回报比率，减少了回撤，提高了回报，增加了利润。由于我们增加了其他市场和更多的策略，交易数量一如预期地继续攀升。

让我们加入我的短期NQ择时（9天）程序，它在市场上涨时帮助增加回报，在市场下跌时提供一些早期对冲。该策略旨在从股票市场的短期波动中获取利润。结果显示在图9.4中。

通过这个策略的加入，组合投资策略在此模拟时间段的大多数指标上改善甚微。然而，随着额外策略的加入，我们赋予整体组合更大的能力来应对不同的市场状况，因此我将能在更多类型的市场中生存和繁荣。我的判断是将其保留在组合中，以应对未来的"坑洼"。

接下来，让我们在与案例D使用的同一组合上加入一些非常短期的3天期货交易，结果显示在图9.5中。

加入非常短期的期货程序大大有助于改善整体表现。该策略本身的数字表现不错，它为我们目前研究的其他4个策略提供了极佳的多样化例子。每一个统计数据都有所改善，回报更高，回

策略代表字母	C	D	E
模拟策略名称	组合策略% 50/25	多样化期货 择时100%	组合策略% 50/25/50
平均复合增长率%	+9.610	+11.337	+15.551
夏普比率	0.849	0.861	1.162
萨帝诺比率	1.116	1.430	1.656
MAR比率（回报/最大回撤）	0.451	0.588	0.804
平均回撤%	−2.411%	−4.343%	−3.074%
最大回撤%	−21.311%	−19.274%	−19.348%
回撤中最大时长	884天	884天	413天
12.4年中总交易次数	1,076	7,202	8,278
12.4年中有正回报的交易次数	513	5296	3114
12.4年中有负回报的交易次数	563	4,504	5,062
赢率	47.677	36.563	38.087
12.4年中1000万美元的利润	$20,689,108	$26,956,176	$49,338,262
平均每次交易的利润系数	$1.66	$1.11	$1.23

图9.3 增加多样化期货择时

报与风险比率也更高，回撤减少，且在最大回撤中的持续时间更短。

现在我们将加入最后一个策略。当加密货币问世时，我起初对直接交易它们持谨慎态度，但CME推出了加密货币期货。由

策略代表字母	E	F	G
模拟策略名称	组合策略% 50/25	短期NQ指数 择时100%	组合策略% 50/25/50/25
平均复合增长率%	+15.551	+0.186	+15.693
夏普比率	1.162	0.023	1.162
萨帝诺比率	1.656	0.031	1.652
MAR比率(回报/最大回撤)	0.804	0.008	0.799
平均回撤%	-3.074	-1.784	-3.132
最大回撤%	-19.348	-23.852	-19.642
回撤中最大时长	413天	3689天	507天
12.4年中总交易次数	8,278	262	8,512
12.4年中有正回报的交易次数	3,114	91	3,196
12.4年中有负回报的交易次数	5,062	171	5,214
赢率	38.087	34.733	38.002
12.4年中1000万美元的利润	$49,338,262	$232,685	$50,247,881
平均每次交易的利润系数	$1.23	$1.03	$1.23

图9.4 增加短期NQ期货择时

于我非常熟悉期货交易，因此将这个市场加入我们的整体投资组合变得更加容易。我使用了与NQ择时相同的9天短期趋势跟踪策略应用于加密货币期货，并将其加入组合。结果显示在图9.6中。

策略代表字母	G	H	I
模拟策略名称	组合策略%50/25/50/25	短期3天期货100%	组合策略%50/25/50/25/50
平均复合增长率%	+15.693	+15.121	+24.858
夏普比率	1.162	1.563	1.591
萨帝诺比率	1.652	2.360	2.408
MAR比率（回报/最大回撤）	0.799	1.102	1.134
平均回撤%	-3.132	-1.732	-3.127
最大回撤%	-19.642	-13.723	-21.923
回撤中最大时长	507天	681天	490天
12.4年中总交易次数	8,512	19,750	11,702
12.4年中有正回报的交易次数	3,196	7,046	4,351
12.4年中有负回报的交易次数	5,214	12,474	7,218
赢率	38.002	36.096	37.609
12.4年中1000万美元的利润	$50,247,881	$48,069,112	$145,766,893
平均每次交易的利润系数	$1.23	$1.12	$1.17

图9.5 增加短期期货择时

我们已经使用了我目前在个人投资组合中使用的6种策略的组合。请注意，我们使用了账户权益的250%。我们可以这样做是因为许多期货策略只占用了一小部分权益资金用于保证金。对于每10万美元的权益，我可能只需要几千美元的保证金。我将

策略代表字母	I	J	K
模拟策略名称	组合策略%50/25/50/25/50	加密货币期货短期合约100%	6种混合策略%50/25/50/25/50
平均复合增长率%	+24.858	+0.712	+25.751
夏普比率	1.591	1.493	1.637
萨帝诺比率	2.408	2.328	2.482
MAR比率（回报/最大回撤）	1.134	0.256	1.175
平均回撤%	−3.127	−0.720	−3.086
最大回撤%	−21.923	−2.785	−21.923
回撤中最大时长	490天	88天	490天
12.4年中总交易次数	11,702	14	11,717
12.4年中有正回报的交易次数	4,351	8	4,357
12.4年中有负回报的交易次数	7,218	6	7,226
赢率	37.609	57.143	37.615
12.4年中1000万美元的利润	$145,766,893	$915,981	$160,172,252
平均每次交易的利润系数	$1.17	$3.13	$1.18

图9.6 增加加密货币期货择时

证券和期货叠加在一个投资组合中，提高了资金使用效率。

这些策略可能会根据新的好点子而有所调整，但我想让你了解我的思维过程，以及我是如何通过策略、市场和时间段的多样化来决定优化整个投资组合的。最终，与最初的简单板块ETF时机策略相比，每个统计数据都有所改善。我们获得了更多的回报、更好的回报风险比率、更小且持续时间更短的回撤，并且获得了更多的利润。唯一的缺点是在退休生活中需要做更多的交易才能实现目标，但如果我可以通过组合策略、市场和时间段来达到案例K中的数字，我愿意付出额外的努力。看看我们从哪里开始，又达到了什么位置。

对于那些拿着计算器阅读本书的读者，你可能会注意到，如果你将一些案例加在一起，它们可能不会完全吻合。我使用的模拟器在每天的模拟中动态再平衡策略之间的权益分配。一个可能处于亏损阶段的策略，可能会由于需要维持其正常比例而用其他策略获得利润买入更大的仓位。一般来说，你会发现，如果你通过算术方式将各种策略相加，它的结果远远比不上动态再平衡的投资组合。通过平滑表现记录、复利回报和杠杆化资金使用，动态再平衡组合策略在多个方面的进展都超过了任何单一策略。

这里需要一些免责声明。对理论模拟必须持保留态度。数据只反映历史的一部分，未来每个市场都在不断变化。更多的计算机、更多的交易量、更广泛的市场参与者、即时通信和更多可交易的市场，意味着未来总是不同的。然而，在我看来，如果你已经选定了目标，你就可以找出如何实现它的方法。希望我已经提供了一些路线图。

在现实中，你不可能在每笔交易中都获得完美的成交。尽管模拟平台正确考虑了跳空开盘的情况，但许多跳空会对你不利。尽管如今的佣金非常低甚至为零，但在现实世界中，它们仍可能带来一小部分的额外成本。

我在每次模拟中都以1000万美元的投资组合开始。我希望通过这种方式排除模拟中因投资组合规模对策略产生的限制。因为如果资金较少，且将仓位规模限制为权益的某个百分比，有可能会排除某些交易，从而导致结果有所偏差，它会更多地依赖账户规模，而不是我所描述的概念。当然，几乎所有阅读本书的人都不会拥有1000万美元的资金，但如果概念是正确的，那么由于账户规模较小导致某些交易无法参与，结果也只会稍有不同。

模拟中的11,717笔交易量对某些人来说可能显得有些吓人，但这相当于每年平均944笔交易，在每年250个交易日中，平均每天约3.78笔交易。如果你有时间或自动化工具来处理其中的一部分或全部交易，这并不是那么可怕。我每天都这样做，过了一段时间后就变得相当枯燥和机械化了。

你目前在你的投资组合中做些什么？哪些市场行为可能会带来风险和不佳的表现？哪些策略、指标或时间段能在你的原始投资组合可能表现不佳的时期带来好处？进入这种思维模式并回答这些问题，将帮助你填补"坑洼"，成为一个全天候交易员。

策略代表字母	A	K
模拟策略名称	起始的行业ETF择时	6种混合策略% 50/25/50/25/50/50
平均复合增长率%	+18.126	+25.751
夏普比率	0.872	1.637
萨帝诺比率	1.150	2.482
MAR比率（回报/最大回撤）	0.467	1.175
平均回撤%	-4.527	-3.086
最大回撤%	-38.830	-21.923
回撤中最大时长	885天	490天
12.4年中总交易次数	1,048	11,717
12.4年中有正回报的交易次数	500	4,357
12.4年中有负回报的交易次数	548	7,226
赢率	47.710	37.615
12.4年中1000万美元的利润	$66,535,517	$160,172,252
平均每次交易的利润系数	$1.56	$1.18

图9.7　起点与我们目前的位置

第 10 章

我们买入或卖出多少

仓位规模比你的买入/卖出引擎更重要。但为什么几乎每个交易员在开始他们的交易之旅时都会花大部分时间浏览买卖的策略呢？在任何交易中，你的交易利润都是你卖出的价格减去买入的价格乘以你的仓位规模。只关注公式的第一部分而忽略第二部分是没有任何意义的。然而，许多交易员很少花时间考虑他们的交易规模。

我写了一本关于这个主题的书，《成功交易员的仓位调整——为什么和怎么做？》(Successful Traders Size Their Positions—Why and How?)。这一章包含了我这本书的一些关键点。

我想到的第一件事就是你的投资组合的大小是极端重要的。不要花太多精力去分析图表、指标和书籍，试图找到买入或卖出交易工具的最佳触发点。你应该把更多的精力放在优化和理解仓位的大小上。

当你分析买入/卖出引擎的影响时，你会意识到一个指标在一个点位上跳一个大的幅度或开启一个趋势，相对于几个小时后使用另一个指标，在你的方向发生大的移动的时候对你的利润影响不大。最终结果可能是60%的利润，还是59.8%的利润。花费大量时间研究如何从59.8%增加到获得60%是一个相对于你花费的精力边际效益递减的事情。重要的是在某个地方赶上潮流，这样你的仓位才会有动能。

买多少或卖多少对你的长期成功有更大的影响。持有过多的仓位会增加长期削弱投资组合效益的可能性。开仓太小，你就不能在一笔好的交易中创造足够的回报来答谢你的付出。那么，我们如何才能找到一个个人的最佳仓位，并且这个仓位的大小合适呢？

股票决定你的仓位规模

在我看来，仓位大小的一切都应该从你账户中的股本开始，这似乎是合乎逻辑的。简单地说，如果你需要有一个较大的投资组合，你需要较大的仓位规模来获得最佳回报。较小的投资组合需要较小的仓位。

是什么驱动交易员对市场行为的情绪反应呢？ 我坚持认为，亏损风险和波动性是两个最有可能的罪魁祸首。交易的风险带来的是，如果你做错了，你可能会损失真正的美元。在任何时期，仓位的上下波动也会吸引你的注意力，产生一些焦虑。

简单地说，我们希望调整仓位的大小，这样按照我们自己的标准，风险是合理的，仓位的波动不会让我们夜不能寐。从交易的风险和当前的波动指标开始，设定一个让每个交易员都感到舒适的水平，并将仓位的初始规模限制在这个水平上，这样调整仓位的大小就会变得很容易。

重要的一点是，许多交易员控制风险的方法是首先决定他们的仓位大小和入场，然后才是通过上方或下方的止损点位来设置一个他们可以承受的潜在损失风险。

接下来才是后面一步！

市场并不在乎你只能承受5%或10%的损失。市场做市场该做的事。如果市场非常安静，也许设置4%或5%的止损单是有意义的。然而，如果市场每天上下波动2%到3%，而且消息到处都是，那么离行情太近的时候下止损单只会让你被止损，你可能会错过一次好的交易。

通过创建一个买入/卖出策略，让市场有足够的空间进行"正常"运动，衡量该策略一个单位的风险和波动性，无论市场状况如何，你都可以适当地调整仓位。市场越疯狂，你的仓位就越小。而且，当市场平静和"正常"时，你会自动获得更大的仓位。

一个简单的设置你初始仓位的例子

让我们创建一个简单的例子，以100,000美元的投资组合购买股票（XYZ）。正常的上下波动使XYZ目前处于横盘市场。这个范围的上限是10美元，下限是9美元。我们可以说，高于10美元，我们处于上升趋势，低于9美元，我们处于下跌趋势。在10美元到9美元之间，我们处于价格波动的噪声中，我们会忽略它。让我们在上升趋势时以10.01美元买入，并在8.99美元设置止损单。以过去21天的平均真实波动幅度来衡量的波动率目前为0.50美元。

在确定投资组合中所有新仓位的规模时，我们已经确定了一些我们可以接受的限制。我们决定，在我们的投资组合中，我们宁愿持有的仓位不超过投资组合的10%，任何一个新仓位的风险不应超过我们股本的1%。我们还决定，新仓位的波动性不应使我们的股票在一天内波动超过0.5%。那么，让我们看看我们有多容易确定仓位的大小。

风险敞口方法：

100,000×1%=1,000，这个1,000美元是获准的风险敞口的最大值

1,000/（10.01-8.99）=980.39股

四舍五入到最接近的整股=980股

波动率方法：

100,000×0.5%=500，这个500美元是获准的波动范围最大值

500/0.50=1,000股

投资组合百分比法：

100,000×10%=10,000，这个10000美元是获准投资的最高仓位（XYZ股票的总投资占整体股本的10%）

10,000/10.01=999股

由于我在寻找一个不会吸引我注意力的仓位规模，我总是选择计算出的最小仓位规模。在这个例子中将是980股XYZ。

一个确定期货交易规模的例子

同样的过程也适用于确定期货仓位。让我们用同样的10万美元的投资组合来简化它。MES 3个月合约（标准普尔500微型期货）的波动范围从4,959到4,901，过去21天的平均真实波动范围平均每天波动20个点。我们不希望我们的仓位风险超过我们权益的1%，我们也不希望MES期货合约由于波动而使我们的投资组合每天波动超过0.5%。

我们的指标告诉我们，MES现在跌到了更低的4900点；我

们的止损位在4,960的区间之上,这给了我们60点的风险。一份ES合约的每个风险点价值5美元。卖出一份MES合约所需的保证金为1600美元。那么,让我们看看如何计算MES交易的规模。

风险敞口方法:

100,000×1%=1,000,这个1,000美元是允许承担的风险敞口

1,000/((4960-4900)×5)=1000/300=3.33份

合约取整到最接近的整数合同数目是3份

波动率的方法:

100,000×0.5%=500,其中500美元是允许承担的波动范围

500/(20×5)=500/100=5份合约

投资组合的百分比方法:

100,000×10%=10,000,这是最高允许承受的仓位

一份MES合同所需保证金=1,600,所以10,000/1600=6.25份,合约取整后等于6份

我寻找最小的仓位,这可以最大限度地提高我的舒适度,所以看起来风险方法是赢家,风险方法计算的结果是3份合约,这就是我在跌破止损位时卖出的数量。

你的调仓工作并没有到此结束

现在你已经进入交易行业了。交易的情况每天都在变化。假设你已经在这个行业工作了3个星期,情况变得更加令人兴奋。一些新闻(例如,流行病、战争、欧佩克(OPEC)决议,政治动荡)导致你的交易仓位变得疯狂。即使你对最初的仓位进行了适当的调整,你的工作也不会就此结束。市场已经发生了变化,所以你必须保持领先市场,并确保你保持适当规模的仓位。

在我从事交易的几十年里,我注意到,安静、无趣的市场往往在没有人关心的情况下开始启动趋势。随着趋势的继续,越来越多的交易员加入其中,这时候开始变得有趣起来。关于市场的新闻可能会出现在晚间新闻、财经报纸和博客上。在这种情况下,风险开始变得更大,波动性也变得更大。也许你已经发现趋势成熟了,现在你已经盈利了。那么,我们如何才能在正在进行的交易中保持合理的风险敞口呢?

继续进行股票交易

让我们继续以股票XYZ作为简单的示例。我们假设的投资组合已经增长到12万美元。正常的市场趋势中XYZ正处于上升趋势。股价现在是15美元,根据我们的买入/卖出引擎,止损价已经上升到10.75美元。风险敞口也到了4.25美元,比我们买进股票时高得多。按ATR计算,过去21天波动范围已升至1.25美元。

我们必须允许现有仓位承受更多风险敞口和波动。我们希望我们的仓位风险增加一点,因为我们处于一个赢的仓位,可以在投资组合中给它更多的风险分配,让它继续朝着我们的方向发展。假设我们可以容忍现有赢家有2.5%的股本投资在有风险的XYZ上。我们仍然不希望任何东西超过我们投资组合的10%。我们还决定,新仓位的波动值不应在一天内使我们的股本波动超过0.7%。让我们看看如何调整当前仓位的大小。

风险敞口方法:

120,000×2.5%=3,000,这是允许承受的风险敞口

3,000/(4.25风险敞口)=705.88股,取整到最接近的整股=705股

波动率的方法:

120,000×0.7%=840,这是允许承受的波动范围

840/1.25=672股

投资组合百分比的方法:

120,000×10%=12,000,这是允许投资在这个产品的最高仓位

12,000/15.00=800股

继续我想要最保守的风险敞口来完成工作的理念，我将采用波动率法的672股作为我的XYZ仓位。这意味着在市场上卖出980-672，即308股。

持续进行的调整期货仓位

持续进行的期货仓位控制将类似于我们刚刚在控制股票仓位大小中介绍的内容。让我们用同样的增加到12万美元的投资组合为例。MES 3个月合约（标准普尔500微型期货）的价格走势一直较低且有利可图。假设目前它已跌至4750，而对于125个点位的风险敞口的止损位已降至4875。过去21天的ATR平均波动率是现在每天100点，是我们卖出时的两倍。我们不希望仓位的风险超过股权的2.5%，也不希望MES期货合约每天将我们的投资组合推高0.7%以上。

由于保证金是由交易所和你正在交易的经纪商在每一天设定的，假设由于MES市场的激动人心的时刻，你拥有的每份合约的保证金增加到2,000美元。让我们看一下如何计算此时的MES持续交易的仓位规模。

风险敞口方法：

120,000×2.5%=3,000，这是允许接受的风险敞口

3,000/（125点风险敞口×5美元/点）=3000/625=4.8份合约

保守取整到最接近的合同数目=4份合约

波动率方法：
120,000×0.7%=840，这是我们被允许承受的波动值
840/［100点（ATR）×5美元/点］=840/500=1.68份合约
保守取整到最接近的合同数目= 1份合约

投资组合百分比方法：
120,000×10%=12,000
一份MES合同所需保证金=2,000美元，所以12,000/2000=6份合约

再一次，我的保守会使我选择最小的答案，即1份合约的波动率法。我开始时的仓位规模是3，所以我会在市场上卖出2份合约，以使我的配置达到我的舒适水平，以进行可持续的、有利可图的交易。

管理总投资组合风险和波动性

既然你已经了解了如何控制股票和期货仓位的规模，我们就可以进入整体投资组合风险和波动性的主题了。例如，如果我们的投资组合中有10只股票，每只股票每天的平均波动率为0.5%，

那么在正常的一天里，我们的投资组合可能会出现10次0.5%或5%的波动。这可能让一些交易员难以接受。控制你的投资组合的整体风险和波动性是平稳前行的一个好方法。

假设你只能容忍投资组合有5%的整体波动，并且你不希望投资组合中的总风险在某一天超过14%。简单地把仓位加起来，看看你的投资组合是否超过了预定的水平。如果超过了，只要在每个仓位上"剥"下足够多的仓位，就可以让你自己回到舒适的状态。

现在我知道一些敏锐的统计学家会说，"是的，但是仓位之间缺乏相关性怎么办？你不能简单地把风险和波动性的数字相加。在同一天，有些可能会向上剧烈波动，有些可能会向下波动，从而相互抵消"。就我而言，保持简单和保守胜过复杂的计算。考虑相关性可能会让你持有更多的仓位，并涉及更多可能不完全正确的计算（由于不断变化的相关性导致的计算的误差）。

此外，如果你像我一样观察投资组合中各种仓位之间的相关性几十年，你就会看到，当世界危机、恐慌性熊市或其他新闻将所有相关性推至接近1.00或非常相关的时候，为什么不简单点，通过假设所有的仓位都是100%相关的，让你的全天候交易员的生活更轻松一点呢？

如果我需要"剥离"2%以使总投资组合风险或波动性降至可接受的水平，我只需将2%乘以每个仓位的现有规模，将其四舍五入为一个整数（股票或合约），并在市场上立即清算。这样投资组合的整体风险会更低，波动性会更小，权益曲线会更平滑。此外，我在从事资金管理工作时所做的研究表明，这个概念将提高你的风险回报比。从本质上讲，这是在减小潜在的下一次"剥离"的规模，它很有可能从某个角落向你袭来。

总结：增加不同级别控制仓位的好处

我认为对于交易员来说，使用一个简单的趋势跟踪策略来了解每个级别的仓位规模的增量收益可能是很有用的。图10.1显示了我在模拟平台上运行的26个市场期货投资组合的案例，使用了一些标准的趋势跟踪指标和每个模拟的显著性统计数据。同样的指标和组合固定在这个图中。唯一的变化是仓位控制算法"管理"的仓位大小。你可以看到，在你的投资组合中加入仓位大小的概念会给全天候投资组合带来一些好处。

与添加每个额外的仓位控制参数相比，结果的逐渐变化显示了统计数据逻辑上的改进。从简单的0.5%的股权风险水平开始，我们看到这段旅程确实可以很疯狂。大多数交易员都无法忍受这种痛苦。加上持续的风险控制，设定为1.0%，我们看到预期的回报略有下降，但风险回报比率有所改善，请查看下降的百分比。增加初始仓位的波动率控制，回报率下降了一些，但我们现在的萨蒂诺比率已经接近原来的两倍，大幅减少了回撤量，并将回报与最大回撤量的比率提高到原来的3.3倍。如果持续增加

参数	参数值	ACGR%	萨蒂诺比率 Sortino ratio	最大下跌	回报/最大下跌
初始股票风险敞口%	0.5	+15.087	0.876	−87.142	0.173
持续的股票风险敞口%	1.0	+13.797	0.844	−63.864	0.216
初始的股票波动率%	0.2	+11.223	1.409	−19.507	0.575
持续的股票波动率%	0.5	+11.377	1.426	−19.255	0.591
总体投资组合的风险敞口%	15.0	+11.343	1.436	−19.266	0.589
总体投资组合的波动率	7.0	+11.343	1.436	−19.266	0.589

图10.1 仓位控制的边际效益一顺序一层层增加

波动控制设置到0.4%，我们会实际上得到略微提高的回报，并改善了所有其他统计数据。最后，加上总体投资组合层面的风险和波动性控制，收益、最大回撤量以及回报与最大回撤量的比率都保持稳定。萨蒂诺比率越来越好，最终达到了所有例子中的最高水平。你现在已经达到了对仓位控制进行更多微调的收益递减点。

我在这些模拟中看到的教训是，控制数千笔交易的仓位规模可以改善策略。所有这些交易都与我现在写这本书时使用的基本期货策略完全相同。我正在努力为我的退休投资组合在我可以承受的损失风险前提下争取体面的回报。仓位调整帮助我实现了这个目标。这只是一种策略。想象一下，如果你跨越多个市场、策略和时间段，这将有多大帮助。花点时间在你的投资组合中探索这个一直帮助我在交易中保持稳定的舒适水平的技巧。

找到你自己的全天候仓位控制策略

我在所有的例子中都选择了数字，因为它们很容易处理；每个交易员都有自己的风险和波动率容忍水平，因此应该根据自己的情况定制仓位控制参数。如果你是一个新的交易员，不确定你的痛苦承受力是多少，那就从低起点开始，然后逐步上升。不要从高处开始，然后往下走。那将是一场灾难。

如果你相信你可以承受1%的风险，那么你可以从远低于0.5%或0.6%的风险开始，尝试一段时间，如果这个风险对你来说太温和了，就增加风险。总是在风险低的一面犯错。长期来看，随着市场向你抛出创纪录的风险和波动水平，你将会欣赏与你心理相匹配的仓位规模控制。这将帮助你继续你的交易策略，因为糟糕的仓位规模可能会使你沮丧或焦虑，导致你放弃管理你的投资组合。

第11章

交易的心理方面

为什么我们要关心交易的心理方面

范·K.萨普博士常说："交易员不是在市场交易；他们是在市场交换自己的信仰。"我完全同意这个观点。我在这本书中所描述的一切都解释了我的信仰。它们就是：

1. 一个成功的交易员会有一个合理的买入/卖出引擎帮助他扣动扳机。

2. 一个成功的交易员会有一个明智的方法来系统地调整他的仓位，帮助降低他破产的可能性。

3. 一个成功的交易员会有一些策略可以帮助他填补股票曲线上升下跌的"坑洼"，从而减轻他的压力。

4. 随着时间的推移，市场会涨、会跌、会横盘盘整。

5. 创建一个与你的情况相匹配的整体策略或策略集合比复

制你不太可能长期执行的别人的热门策略要更容易成功。

6. 交易中没有什么是完美的。

7. 市场会按照市场自己的逻辑去运行。

我还记得在一次投资绩效的高峰研讨会上，听到萨普博士问大家，什么更重要：买入/卖出、仓位大小，还是你的心理上对于交易的敏锐度？一些人会认为如果没有触发买入或卖出的能力，就没有交易。可是其他人会说："是的，但如果你没有正确地调整仓位，交易一旦对你不利，你可能会被淘汰出局。"这些都是正确的观点，但交易中最重要的方面是你的心理过程。没有它，其他任何好事都不会发生。

在这一点上，以我的工程专业背景和对计算机的了解，我得到了这样的论点："但你是一个计算机系统驱动的交易员。与那些整天坐在电脑前人为执行交易的人相比，你在交易上心理方面的能力表现并不那么重要。"当然，这是不正确的。我是那个必须按下按钮才能运行那些交易程序的人。如果我愿意，今天可以不去。我可以设置程序给我警报，然后无视这些警报信号。我对新的交易有强烈的感觉，并通过电脑让我买进的仓位规模加倍。我可以读到一些有吸引力的东西，并决定在一些我以前从未交易过的仓位上"冒险"。我有无数种方法可以阻碍这个过程。我是人类。我的感觉很容易造成失误，所以我必须花时间让交易时我的心理方面正常。

本章的重点是建立一个伟大的交易心理基础。我将用这个术语来描述所有可能影响你成为一个成功的全天候交易员的心理因素。我喜欢把下面的每一小节都看作是我所谓的交易心理的一部分。它们对交易成功的过程都很重要。

自尊

我们将从这里开始我们的精神之旅，打下坚实的基础。**自尊是一个人如何思考和感受自己的品质和特点。**

在交易中，就像在大多数你所努力的事务中一样，我们需要高度的自尊。我们交易的市场会用一种阴险的方式刺激我们的心理按钮，让我们怀疑自己。对自己的品质和特点有积极的看法有助于抵消随着时间的推移市场给你带来的负面影响。

想象一下相反的情况。你在进行交易，它持续一天，触及了你的止损单，然后你就出局了。你遭到了损失。你又开始重复你的错误。你的行为很冲动，没有遵循你的策略，这已经是你连续第三次在交易中搞砸了。你对自己的评价很低，这次交易和之前的许多交易只是确认你不够好。

一个更好的方法来处理这些潜在的精神压力源是首先尽你所能去意识到你有别人没有的品质和特点。你必须相信你有特殊的技能。作为配偶、父母、孩子、朋友、同事和社区的一员，你在这个世界上有着独特的地位，你有价值。不要把自己定义为交易员。把自己定义为一个对你生活的世界很重要的人。对自己有很高的评价。真的相信这个评价，因为它是真的！没有人需要看不起自己，但有些人仍然这样做。如果这就是你的情况，那么在开始你的交易之旅之前，要努力让自己更有价值。这将在你的整个生活中带来更好的全面健康和幸福，而不仅仅是在交易中。

责任

我们精神旅程的下一站是责任。作为一个孩子，我觉得我周围的世界是一个神奇的地方，有这么多令人兴奋的可能性。在学校里，一切都安排好了。在学校之外，完成论文、读书和学习几乎占据了我的生活。作为孩子，我们都是从父母和老师控制我们的世界开始的。我们对任何事情都没有什么责任。

随着年龄的增长，我们大多数人会意识到，如果我们对周围发生的事情负责，我们就能改变事情。然而，许多人未能承担起这一责任。人们很容易把发生的事情，尤其是负面事件，归咎于别人或其他事情。有时候，我们喜欢把积极的事情归功于自己，而实际上我们只是运气好，与这些事情的发生没有什么关系。"这不是我的错"反而成为许多人的呼声。扮演受害者很容易。在交易中，这些别人的过错可能是"他们执行我的止损单"或"我的配偶打断了我"或"公司通过公告操纵了股票价格"，"内部人肯定在卖出自己的股票"。

责任让你有能力控制你周围的很多事情。如果你认为干扰会导致注意力不集中,那么你就有责任创造一个防止分心的办公室环境。如果你经常有很多止损单被执行,然后市场逆转方向,那么你有责任测量市场价格噪声,看看你是否能找到一个方法给市场更多的止损空间。如果新闻似乎让你在交易中做出了愚蠢的行为,那就关掉新闻。

没有自我责任感,在任何事情上都很难成功。如果没有责任感,世界就会不停地旋转,一次又一次地用随机事件打击你,你的生活就会像暴风雨中海洋上的孤舟,上上下下,横冲直撞,最终倾覆。有了责任感,每个人都可以评估他周围的世界,并采取行动改善他的处境或朝着实现他的目标前进。如果你对计算机编程一窍不通,却决定让你的一些交易过程自动化,那么你就有责任学习编程并构建自动化交易程序。或者你可以雇用一个计算机科学专业的毕业生,和他们一起开发程序,使你的交易更加有效。

如果你设置了止损,但没有执行,这是市场的错还是你自己的错?如果你雇用了一个程序员,他创建了一个交易平台,用一些指标在模拟中有巨大的利润,然后迅速决定开始实时交易,结果却让你崩溃了,是程序员的错还是你的错,还是因为你没有检查程序和复查模拟的结果,并确保执行逻辑按照你需要的方式工作?

如果你做了一笔交易,而市场对你不利,不要责怪市场。市场变化无常。作为交易员，我们只能观察市场行为并作出反应。市场并不关心我们是否在交易。它有它的功能。我们有责任以合理的方式对价格变动作出反应。

下次当你发现自己把责任推到别人身上时，不妨问问自己："我本可以做些什么，或者我在未来能做些什么，从而产生更积极的结果？"当你给自己这种信念的时候，你会惊奇地发现你能完成想要做的事情。

意识

我们将以一个我自己进入意识世界的故事开始这个关于心灵交易的小节。我无数次地讲述这个故事，以帮助其他人开始自己的旅程，提高意识。

当我在高中四年级的时候，我必须在英语课上站起来，就我刚读过的一本书做报告。我艰难地站起来，双手颤抖着，但我还是挺过去了。那天晚上晚些时候，我在脑海中重播了白天发生的事情。我看到了朋友们的脸，看着我颤抖的手，感受到了我站在一群人面前演讲时的恐惧，意识到这一切都是不合逻辑的。我在朋友面前完成一项简单的任务时表现得很可笑。这件事成为我一天中最重要的事情，这让我很生气。

这种回顾非常有帮助，以至于我开始每天晚上回顾我一天中的互动和事件。不管发生了什么重要的事情，我都让它突然出现在我的脑海里。我以为脑海中浮现的那几件事是那天发生的最重要的事情。我问自己："在那种情况下，我应该这样做吗？我对发生的事情满意吗？我还能做些什么不同的事吗？"

所有这些"记忆回放"都帮助我提高了自我意识，调整了我处理事情的方式。但我离完全意识这一点还有很长的路要走。

再快速地举一个我作为中锋在一支冠军球队打球的例子。从我平时防守的位置，我可以看到我们5人队的其他球员，以及我们对阵的5个人中的大多数人。所以，我承担了自己的责任，告诉我的一些人背后发生了什么，因为他们的后脑勺上没有眼睛。这使他们能够专注于面前的对手，而不会把目光转移到身后的对手身上。这使我们的防守更加强硬。大多数球队讨厌和我们比赛，因为我们会让他们失去得分的能力。

意识在篮球比赛中发挥了作用，我知道谁在我身后。我告诉我的队友谁在他们后面，但是没有人知道谁在我后面。我必须意识到有人离开了我的视野。如果他从另一边出来，那就意味着他在我后面。这样我就可以确保，如果一个对手看起来会朝我这边来，我就准备好采取行动，甚至不用看那个家伙具体在哪里。这样的比赛有助于训练我的大脑意识到一些事情（我身后的人），同时有意识地处理其他事情（向队友大喊防守指令）。

大学毕业后，我从事化学工程的工作，在一次公开演讲课上，我经受了另一次的意识测试。想起我在高中时糟糕的表现，我马上就报名了。教这门课的女老师非常出色，她让我们把5到

10分钟的演讲压缩成3到4个关键词，写在一张小卡片上。不需要书面发言。我们只能简单地输入第一个关键词，然后与小组成员交谈。就像在进行一场普通的谈话。

我在镜子前排练演讲。我会一边演讲一边看着自己演讲。我的大脑里有两件事在做，一部分在说话，另一部分在看着我说话。我注意到自己是在微笑、皱眉、紧张还是结结巴巴地说话。随着意识的增强，我练习得更好，表现得也更好。

另一个反馈机制是视频录制。老师会把每个学生的演讲录下来，然后在课堂上回放录像，并提出提高我们个人表现的方法。我们都在同一条船上，努力变得更好，这对每个人来说都很有趣。笑声和咯咯声接踵而至，我们在一群人面前说话的能力越来越好。

过了一段时间，在我进入资金管理行业之后，我知道我必须实时了解发生在我身上的事情，这样我才能防范压力和鲁莽的行为，以免给我的客户造成损失。我把它看作肩膀上有一个"作为观察者的我"，把生活中发生的一切都看在眼里，而不仅仅是在一群人面前讲话。我在电脑屏幕上贴了一张便利贴，上面写着"意识"。

每当我看到这张纸条时，我都会停下来问自己："我意识到了吗？"如果答案是肯定的，很好。如果不是，为什么？我越来越能实时地意识到自己在做什么。所以，与我在高中一天结束时记忆回放相比，我在生活中获得了实时意识和调整的能力。一点一点地，作为观察者的我简单地融入了我的思想，我现在可以意识到自己每时每刻都在发生什么。

这与交易有什么关系？如果有人给你一个热门股票的提示，而你没有意识到你的贪婪，你无法阻止自己放弃你原有的交易策略。如果仓位快速下跌，接近止损点，你对此感到压力，意识到你的恐惧或紧张可以让你从消极的精神状态中拉回来，提醒自己止损点是有目的的，市场是不可预测的。

没有意识，那么多的可能性就被消除了。每个人都可以在镜子或摄像机前表演一些东西。看看自己在做什么，可以为你的生活和交易提供有用的技能。

纪律

我总是听到交易员谈论他们的交易纪律。他们在交易中推翻了自己的策略，然后责备自己没有更加自律。交易员会在获得丰厚利润的情况下结束交易，但看到交易继续上涨，然后说："我希望我有纪律，坚持我的交易，让它们获得更大的利润。"

这在生活的其他地方也会发生。节食者看到并吃了一块美味的巧克力蛋糕，第二天就后悔吃了它。有些人决定不去锻炼，然后想知道为什么接下来的几天他会感到懒散。通常在应该睡觉时间的人决定阅读最新的新闻后，很难在晚上睡个好觉。

到目前为止，我们已经涵盖了自尊、责任和意识，它们都是自律的基本要素。缺乏纪律可能导致做一些不在你计划中的事情。如果你有很强的自尊心、自我意识和自我责任感，你就会意识到，当你开始偏离计划时，你可以自律并采取纠正措施。每次你这样做，并为自己的行为拍拍自己的背，你就在精神上强化了你所有正在做的事情，使你以后更容易遵循有纪律的选择。

平衡你的精神状态

我们在交易心理方面的旅程的最后一站是理解、改变和平衡心理状态。大多数交易员，尤其是那些对自己身上发生的事情知之甚少的交易员，没有意识到他们的心理状态可能每天都有很大的变化。他们也没有意识到心理状态可以帮助或伤害他们的交易。此外，他们甚至不了解自己的能力，这些能力可以将自己的精神状态转变为更有用的东西。

让我们看一些心理状态的例子，以及它们对交易过程的影响。在第一个例子中，一个交易员得到了他所爱的人去世的消息。他的精神状态非常悲伤。他肯定没有把注意力集中在手头的任务上。悲伤不会给交易员带来乐观的心理状态，而这是维持下跌交易并继续交易所必需的。在这种精神状态下，他更有可能说："去他的。我今天要关门了。"

而另一个交易员刚刚得到继承的消息，使他的账户有很多新钱准备投资。他感觉很好，几乎头晕目眩。他最近交易顺利，赚了不少钱。在这种精神状态下，他很容易承担比正常或谨慎时更多的风险。他可能会忽略风险和波动性的建议，只是"凑足购买"。他可能很容易忽略交易中可能存在的问题，比如流动性问题，或者大盘已经超买了一段时间的事实。也许继续执行他深思熟虑的策略会更加谨慎。

在这两种情况下，一个处于消极的一面，另一个处于积极的一面，交易员的心理状态都不平衡。这两种极端情况中的任何一种都可能使交易员忽视他应该考虑的心理光谱的另一边。我们之前谈到的意识是意识到你现在处于一种极端的精神状态的关键，这可能会对你的交易造成伤害。

所以，假设你意识到自己情绪低落或高涨，非常生气或觉得自己很愚蠢。你能做些什么来使你的精神状态达到平衡呢？了解自己的状况是第一步，但现在你必须做一些更有用的东西。

我喜欢看"交易电影"或"生活电影"。想象一下，现在你正在拍自己的人生电影。你在每一个场景，环顾一下房间，看看周围的人，你的宠物，也许还有电视，外面微风中摇曳的树木。不要专注于任何具体的事情。当你看电影的时候，你会开心、激动、恐惧或产生其他电影试图让观众产生的情感。但你当然知道，这只是一部电影。这不是真的。你可以不断回到那个思想上，让你在看电影时保持平衡。

你也可以在白天做同样的事情。练习把自己从周围发生的事情中抽离出来。观看自己生活的电影。"哦，又输了？"这完全在意料之中。"看那个：某某又做多了一笔交易。"是时候进行交易了。没有情感。没有压力或紧张。你只是在看电影，你在电影的每一个场景中都完美地扮演着你的角色。

就像电影经常给你带来剧情转折和惊喜一样，生活中也有一些意想不到的事情。你很容易被惊喜所吸引，它们会让你失去平衡的精神状态。把惊喜想象成你电影中的情节转折，你的角色高效地处理惊喜，并专注于他需要做的事情。

你可以选择依附于或不依附于一种情绪状态。如果你想看一部喜剧，想要开怀大笑，你可以让自己被电影逗乐。如果你想完全超然地看这部电影，分析它的布景、服装和角色，你可能不会觉得它那么有趣。如果一支足球队在一场比赛中相信他们会输，他们将很容易实现这一目标。如果他们把注意力集中在自己的位置上，并想着"我们看看会发生什么"，他们就有更大的机会发挥出最好的水平。

作为一个人，你完全有能力决定你是否希望保持一种情绪化的精神状态。如果你意识到自己处于一种无益的精神状态，那就把它变成有益的东西，享受你的生活电影。

# 第12章

开始全天候投资

为什么在讨论如何实施全天候交易的细节之前,先讨论它的优势和心理方面呢? 因为你需要一个基础,而你一直在慢慢地建立它。现在,当你追求你的计划时,你会意识到接下来会发生什么。你知道大部分情况下会发生什么。你可以相应地应对这些挑战。

是时候开始你的全天候投资过程了。现在是时候调查一下哪些市场最适合你——研究一下——开始实施了。一旦你找到了一个非常适合你个性的策略和市场,这将是一个令人兴奋的时刻。这会让你对投资组合的结果更加乐观。

我正在为我们的退休账户运行一种极其多样化的全天候多策略投资方法。我不是天生就知道如何交易,如何调整仓位,如何写电脑程序,或者如何改变自己的心理状态。我必须学习这些东西。如果我需要一些我没有的东西,我就必须努力去获得它。日复一日，我知道自己前进的方向，我不断观察，从错误中吸取教训，参加课程，阅读书籍，模拟交易策略，这些对我来说是有意义的，因为它可以让我比过去更好地管理整个投资组合。

然而，这种进步不是一夜之间就能实现的。如果你的目标是自己采用这种全天候投资方法，那么在投入之前，你需要做一些必要的工作。

实施全天候方法

我喜欢把工作分解成容易理解的步骤。我建议你考虑按照我列出的顺序执行，因为每个步骤都建立在它之前的步骤之上。这是你的工作清单：

1. 做一份个人清单。写一份你未来交易业务的描述，就好像你要为一个新的企业提出一个商业计划一样。它应该包括资金、技能、参与的人员、启动业务所需的时间，以及每个阶段执行业务所需的时间。这对你来说是独一无二的，不像其他任何人的。

2. 决定你要交易的市场。你是股票型还是期货型？或者只要能赚钱，你愿意做任何交易？ 你对哪些市场已经有了一定的了解，或者为了多样化投资，你想要进入哪些需要学习的市场？

3. 创建一个买入/卖出引擎来驱动你的交易。可以是长期的，也可以是短期的。它可能是一个标准指标。这些指标可能会是电脑或浏览屏幕上的图表，为你量身定做，确保你完全理解所涉及的逻辑和数学。试着问自己："这种类型的指标什么时候会有最好的表现，什么时候可能会出现问题？"这能满足你的需求吗？

4. 决定一个时间段参数。交易员必须能够从看起来像噪声或随机数据中提取信息。较短的期限会让你有更多的交易，可以快速有效地完成更多的事情。可能你正在寻找挑战，想要尝试日内交易。其他人可能需要出差，每周只能可靠地看一次投资组合和指标。在这种情况下，长期指标将有所帮助。总之，总会有一个时间段适合你的情况。找到它，然后投入使用。

5. 弄清楚你将如何调整投资组合中的仓位。我们在第10章中介绍了一些我如何处理这个问题的例子。也许你想让它变得比我的更简单，但要有一个合理的计划来确定仓位的大小，这样投资组合中的每个仓位都可以为整个投资组合努力贡献回报和风险。你不希望一个单一的工具主导正在发生的事情。

6. 在你觉得有必要的程度上模拟你的策略在过去数据上的结果。如果你能够自动化你的交易，你可以简单地为模拟设置一个适合你的时间参数，一个你喜欢的仓位控制策略，看看它在历史数据上是什么样子的。或者，你可以回到你的经纪商的交易平台，查看一些出现在上涨、下跌和横盘市场的图表，手动查看在这些不同时期你的策略会发生什么变化。这一步的目标是更多地了解你的策略在不同市场条件下的表现。你会越来越适应作为全天候交易员所要做的事情。

7. 选择代理商。如果你只打算交易股票，那么你有许多只交易股票的代理商公司可以处理你的交易。有些将允许更多的自动化交易，有些则不允许。如果你想在你的投资组合中涵盖股票、期权和期货仓位，你必须寻找在所有这些交易领域都有注册并运营的公司。拥有在所有你想要的市场进行交易的能力，有助于提高你的交易资金效率，减少从一个经纪商转移资金到另一个经纪商重新平衡你的策略的麻烦。

8. 把一切准备好。如果你需要一个电子表格来确定你的仓位大小，那就准备好电子表格，并对它进行测试，练习使用它。一些代理商平台具有测试功能。每隔一段时间演练一下你的策略，在实际数据上输入交易参数，检查你的投资组合，如果需要的话重新调整你的投资组合，等等。这就像是战士们在下一场战斗前的军事训练。战士们想要做好准备，因为他们的生活和他们同志的生活都取决于他们的表现。你要采取与这个相同的态度。

9. 扣动扳机。你已经把事情安排妥当了。你已经为这一天做好了准备。你的生意就要开门了。毫无疑问。就像有线电视里面的拉里（Larry）说的，"搞定！"

下面是一些实现全天候方法的例子：

蒂姆（Tim）是一个有计算机背景、有事业心的年轻人。他想要积极进取，但正在安定下来，组建家庭，不想冒险。蒂姆有时在工作上相当忙，但他想亲自动手投资，这样他就可以随着时间的推移学习和改进他所做的事情。

到目前为止，蒂姆一直使用他的股票经纪公司提供的交易平台来执行他长久以来一直感兴趣的公司的股票交易。经过多年的股市上涨，蒂姆的投资组合增长得很好。

然而，从历史图表来看，蒂姆知道股票市场存在风险。正如我们在本书开头所指出的，股市在过去几十年里经历了几次大幅下跌，我们有理由认为未来股市也会时不时地出现同样的情况。知道了这一点，蒂姆想要找到一种积极进取管理潜在的未来股市下跌的风险的方法。

在访问了代理商的交易平台后，蒂姆注意到股票指数的期权信息是可用的，并开始探索期权作为他的股票投资组合的潜在对冲工具。由于他的投资组合主要是科技股的激进仓位，他决定考虑QQQ（纳斯达克100指数）ETF的期权。在与他的代理商交谈并获准在他的账户中交易期权后，他决定参加一个免费的期权初学者课程，这是他在网上发现的。在了解了看涨期权和看跌期权之后，蒂姆决定在平台上创建一个简单的趋势指标来衡量股市的方向是上涨还是下跌。

其次，他必须有一个特定的工具来对冲他的投资组合，以抵御股市下跌的风险。当他的指标显示市场下跌时，他决定买入QQQ平值看跌期权，并在市场上涨时卖出这些看跌期权，使得仓位持平，没有期权仓位，这就造成他的激进投资组合没有对冲。

既然他的策略已经到位，他必须马上做什么呢？当时股市正在上涨，所以他什么也没做。当风对你有利时，不需要树篱。

让我们从全天候投资的角度来看一下。蒂姆意识到这种风险存在吗？是的。蒂姆意识到风险是股市下跌吗？是的，很确定。蒂姆是否决定利用这种风险，使用一种投资工具来保护他其余的投资组合？绝对需要的。蒂姆创建了他的全天候投资组合，这个投资组合将为他工作，并减少他对未来股市大幅下跌的风险敞口。

让我们回顾另一个例子：

詹妮弗（Jennifer）的事业已接近尾声。在成功地度过了多年的牛市，并将部分高于平均水平的工资和奖金存了起来之后，她的投资组合已经增长到可以考虑退休的规模。然而，她的观察是，在她的职业生涯中，她看到过一些股票的剧烈波动，这些波动导致她自己的投资组合出现了一些显著的起伏。考虑到退休，可以想象一旦她的投资组合出现价值的巨大波动，她不再有工资收入来支付日常开支，这有点令人生畏。过去，当她的投资组合出现波动时，因为她事业上的成功，她几乎忽略了投资组合的价值波动。然而，离开职场意味着她要独自依赖投资组合生活，这是她没有经历过的事情。

拥有工程背景和一点数学知识的詹妮弗开始寻找方法来应对她认为存在于股票市场中的风险。她使用了一个可以进入全球市场的代理商来为她的投资服务，并意识到她可以管理她在市场上看到的一些风险。如果她能简单地找到一种方法来"择时"市场，她就可以出售那些非常赚钱的股票，然后把这些收益放入货币市场基金，赚取利息。在市场上涨过程中，她会保持股票在上涨市场的风险敞口。在市场下跌时，她会卖出手中的股票，这样至少避免部分风险，并安然渡过难关，用卖出股票得到的钱赚取利息。由于她的投资组合中最大的一部分将是从她的大型养老金计划中转出她的个人退休账户，因此她具有盈利的股票实现的利润不会产生任何需要缴纳的资本利得税。她决定，退休后，她将有时间和兴趣来管理她股票的市场风险，并创建一个让她感到舒适的全天候投资方法。

　　她的方法是全天候的吗？是的。它同时处理上涨和下跌市场。这可行吗？是的，她觉得她每天都有时间来观察她所持有股票的技术指标。在她的个人退休账户里有税收优惠吗？是的。出售股票不会产生任何需要缴纳税款的后果。在我看来，詹妮弗创造了一个以市场风险为关注目标的全天候策略。

　　还有一个例子：

　　本（Ben）经营着一家面向农民的零售中心，他的生意发展得很快。他的养老金和应税投资组合很大。多年来，本的公司与农民有很多联系，他们一直在谈论如何为庄稼进行避险。与他做生意的一些最大的农场经营者似乎知道如何通过使用期货合约来锁定有利于他们使用的商品（如能源或饲料）的价格，并锁定他们生产的商品（如大豆、玉米、猪或牛）的价格，从而消除自己农场经营中商品价格的一些剧烈波动。

本有几个大的投资组合要管理，到目前为止，他一直在找财务顾问咨询他应该拥有哪些投资。由于他的时间非常宝贵，而且对管理自己的投资组合毫无兴趣，他向他的顾问询问如何在他的投资组合中加入更多全天候投资概念。

本的财务顾问在他公司的研究平台上搜索后，发现了一些基金，这些基金采用了本书中概述的一个或多个全天候投资概念。他们达成了一个合理的协议，并为本的投资组合购买了部分基金。这是转成全天候投资吗？是的。随着时间的推移，本的投资组合有了更多的全天候投资选择。本能接受这种新的全天候投资方式吗？当然，因为在这个过程中，他几乎没有什么日常事务要做，这可以让他专心经营自己的生意。

监控你的进程

我们在本书的简介中提到了技术进步，以及这些技术进步如何加快和简化了我们作为投资者所做的许多事情。移动应用程序（APP）将实时信息放入我们的口袋，提高了我们控制投资的速度。这些技术进步为散户投资者打开了一扇大门，他们长期以来一直被困在封闭的入口通道的错误一侧。

从纸、铅笔、计算器到20世纪80年代的个人电脑，再到比早期大型计算机计算能力更强的手机和平板电脑，信息的流动变得更加自由。这使得投资者比40年前更容易采取行动或获得信息以做出投资决定。我对计算机有一定的了解，也有正确地使用它们的经验，但我必须努力学习才能获得这些技能。我必须从数据中挖掘出来，体验潜在的像过山车一样的情绪波动过程，然后才能学会如何忍受和平稳地度过这种情绪过山车。

我花了很多年的时间来发展我个人的全天候投资策略，所有的努力都得到了回报。我感知到自己有一个健全的投资架构，并且我知道自己每天必须做什么来更新我的技术指标，如何在必要时调整我的仓位大小，同时我还要继续我生活中的其他活动。我知道，通过极端多样化、对冲、时机选择和横盘策略，我至少可以管理市场上存在的一些风险。

你也可以花一些时间模拟各种全天候投资方法，以找到最适合你的全天候投资方法。如今，Excel电子表格非常强大。一台简单的笔记本电脑成本很低，使用它你就可以执行一些非常强大的计算。做好自己的功课会增加你对整个投资策略的信心。这种自信将会体现在你产生积极的投资结果的能力上。

对于那些寻找其他方法来处理数据的人，你可能想试试更强大的计算机软件。世界在不断创造更快、更强大的数据分析方法。网上有很多便宜的编程课程。我最近在Udemy.com上买了一些，它只要15美元。按你自己的节奏走。创建一些简单的程序，沿着学习曲线往上走。

这并不是很复杂。你不需要像奥林匹克运动员那样训练来知道如何操作电子表格或创建一个简单的算法程序来运行你的指标和控制仓位。

但是,你需要开始行动。

第 13 章

最大化你的风险回报比

无论你为自己的全天候策略制定了什么，你都会想要最大化你的风险回报比。要做到这一点，你将面临的问题是，许多通常用于计算风险回报的指标都有缺陷，或者不适用于你的个人投资组合。我将简要介绍一些流行的方法，然后给出一个更好的解决方案。

夏普比率（SHARPE RATIO）

这是典型的股票投资组合和机构投资中最广泛使用的比率之一。这个比率用一段时间的年化收益率除以这些收益率的标准差。它假定波动性等于风险，下行波动性等于上行波动性（上涨和下跌的幅度关于平均回报是对称的）。这种假设是荒谬的；在我管理资金的客户中，没有一个向我抱怨他们账户回报的上行偏差！

特雷诺比率（TREYNOR RATIO）

这个比率类似于夏普比率，但使用的是投资组合相对于某种市场指数的变动（贝塔，Beta），而不是投资组合的标准差。如果你选择不同的比较基准，你会得到不同的投资组合的贝塔系数，从而计算出不同的特雷诺比率。我不喜欢依靠个人选择基准指数来计算Beta和玩特雷诺比率的游戏，因为它容易被操纵。

萨蒂诺比率（SORTINO RATIO）

这是我最喜欢的，也是研究平台上经常包含的风险回报测量方法。这个比率与夏普比率的概念相同，萨蒂诺比率同样使用回报的标准差作为风险的定义。但是，它采用了不同的计算方法，萨蒂诺比率只取投资组合在这段时间内出现的下行回报的标准差。这越来越接近投资者和交易员所认为的风险，但萨蒂诺比率并没有考虑到在这些风险时期所花费的时间。

一个更有意义的回报风险比——
ETR舒适比率（ETR Comfort Ratio）

为客户工作和管理自己的钱教会了我很多关于股票曲线上升或下降如何导致人为因素改变或扰乱投资过程的知识。

当我看到那些光鲜亮丽的业绩记录，显示出卓越的长期复合平均增长率（CAGR）的投资基金被卖给投资者时，我总是感到惊讶。地球上任何一个普通人，当他看到自己的投资组合下跌50%时，都不可能坚持这样长的期限，大多数股票基金甚至撑不过15%到20%的下跌期！

那么，是什么原因导致客户和交易员因为业绩而放弃一种策略呢？我想提出两种不同的观点：一是在过去他们感到还算舒适的下跌时期的深度；二是在这些下跌时期花费的时间。换句话说，很少有投资者会对5%的下跌时期感到不安，但要是维持几年，这种情绪也会逐渐消失。另一方面，30%的快速下跌期可能导致许多人立即放弃他们的投资计划。

在我看来，交易员和他们的客户需要安慰，才能继续做他们应该做的事情。一旦他们度过了不适的门槛，他们就会转向下一个伟大的想法。

拥有工程学位让我从不同的角度来计算风险回报率。我决定使用积分学的概念来创建一个简单的测量方法，以衡量由衰退期的大小和在衰退期所花费的时间所引起的不适程度。从积极的一面来看，股价创出新高的时期是很棒的，交易员也会感到非常舒适。我的客户中没有人抱怨股价创出新高。我把它发展成以下的公式：

ETR舒适比＝舒适程度/不适程度

接下来，我们需要介绍这些参数，这些参数可以捕捉到下跌的回报有多少会导致不舒服（回报下跌阈值），以及在交易员经历不舒服之前的回吐持续多长时间（回报下跌时间阈值）。对于大多数投资者来说，至少10%的跌幅或6个月的下跌会让你考虑改变你正在做的事情。

不适程度就是当前下跌的幅度在下跌的每个时期内超过所选择的回报下跌阈值的总和。一旦超过阈值，你就会开始计算每个时期的当前下跌值，直到投资组合回到新高价格，一个你回到舒适的水平。

舒适程度与不适程度是相反的。每当你达到新的高点并从那里向上移动时，你就会关注那个飙升。飙升是指当前的上升幅度高于上一次下跌幅度的百分比。你将对每个时期的当前飙升求和，直到超过下一个下跌阈值。在这一点上，你回溯这段时间当前的下跌并把它们加起来，你就得到了不舒服的量。舒适程度本质上是指在舒适时期所花费的时间和程度。投资组合获得的利润越多，在暴涨中花费的时间越长，舒适程度就越大。

ETR舒适比将是舒适量与不舒适量的简单比率。

一个简单的例子：短期国债

在整个金融领域的计算中，国债回报率被用作"无风险利率"。如果在短期国债上花费的时间接近于零，那么几乎每天都创造了一个新的价格高点，每天都是舒适的一天。几乎没有一天是在沮丧的日子里度过的，所以这些日子的总和将接近于零。

ETR舒适比（国库券）= 正的递增数量/0 = 无穷大

换句话说，短期国库券的ETR舒适比非常高。

另一个使用S&P500指数的例子

在我几年前进行的一项研究中，我把标准普尔500指数的月度价值追溯到1993年（超过20年的数据）。然后，我创建了一个简单的电子表格来计算标准普尔500指数的月度ETR舒适比，并制定了标准普尔500指数随时间变化的择时策略（图13.1）。

在图13.2中，你可以看到，在你从1993年到2002年之间开始计算ETR舒适比之后，该指数在2019年的数据结束时保持在0.2到0.6之间。这个比率必须有一些舒适期和一些不舒适期，以创造一个合理的计算数值。如果只使用舒适期，就会得到短期国债的情况，其ETR舒适比为无穷大。如果你只测量不舒适的时期，你的比率会是零，基本上就是说你对整个测量时期的投资感到不舒服。1993年至2022年这段时间被用来计算ETR舒适比。

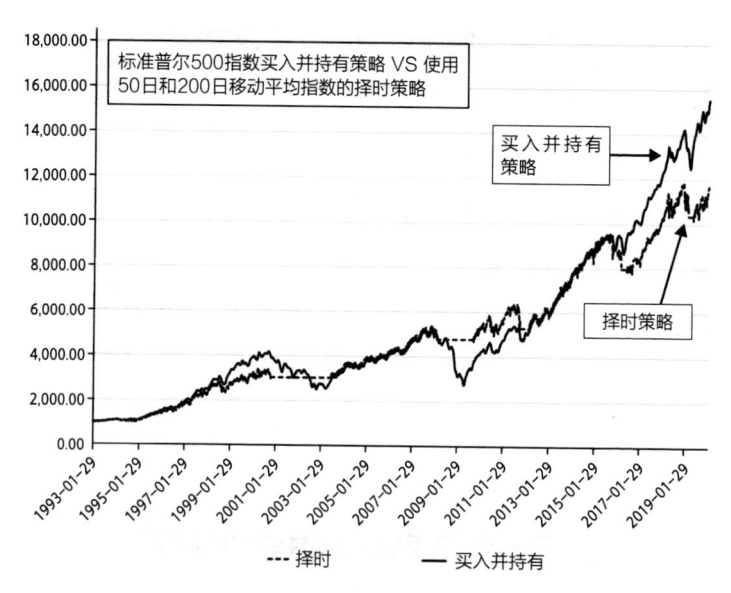

图13.1 投资1000美元后择时的S&P500与买入并持有策略的投资价值的对比

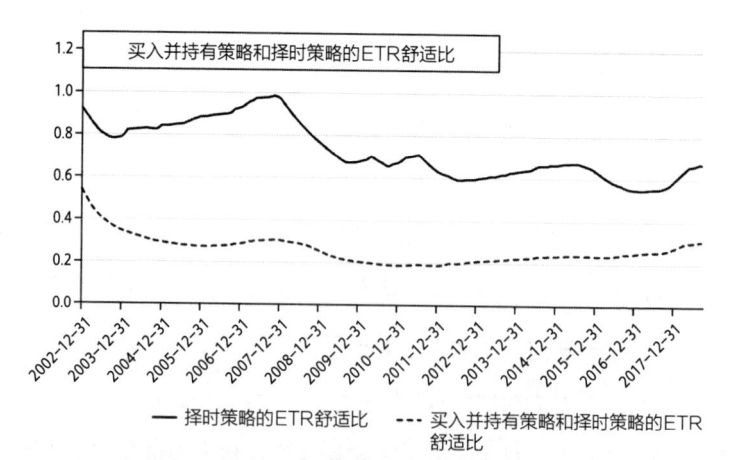

图13.2 投资1000美元后择时的S&P500与买入并持有策略的ETR舒适比的对比

ETR比率越高，你对投资越满意。2008年的熊市确实让该比率跌至买入并持有投资策略的ETR舒适比的极端低点。然而，择时方法至2017年才跌到最低点。但是从2016年开始，随着牛市的来临，择时策略和买入并持有策略的舒适比率都稳步上升。

需要注意的重要一点是，择时方法的舒适比率远远高于买入并长期持有策略的。从长期来看，与传统的"买入并祈祷"策略相比，投资者更愿意采用择时投资的方式，这并不奇怪。传统的"买入并祈祷"策略偶尔会带来50%的损失。而你的全天候策略中加入择时方法将有助于提高你的ETR舒适比水平。

第 14 章

避免常见错误

市场对投资者漠不关心。它不会在乎一次损失是否会毁掉你的整个投资组合。它也不会关心你的投资资产类别太过宽泛以至于整个经济崩溃都不会对你的投资组合造成影响。无论你在交易中做了什么，熊市和牛市将继续存在于买家和卖家之间的拉锯战中。

当然，没有投资者会介意在大牛市中持有多头股票。但牛市不会永远持续下去。每个市场都会遇到困难时期，保护自己免受意外损失是很重要的。

在生活的许多方面，人们在经历了一点动荡之后很快就会放弃。然而，在这些时刻，我们可以学习和改进我们所做的。这些粗糙的补丁和糟糕的反射性的决定可以作为你继续学习和逐渐减少错误的动力。

许多个人投资者，尤其是那些投资新手，因为一些错误的决定就退出了市场。如果你周围没有志同道合的人支持你,你就很难克服这些错误。然而,一个简单的心态调整就可以治愈这些创伤。

把错误想象成你打高尔夫球时开球不佳。你的目标是球道❶,但你削球,球进入了长草区❷。你在问自己是怎么做的?你想把球杆的后头猛撞到柔软的绿色草地上,对吗?但你没有。你低声咕哝了几句,走回你的高尔夫球包,然后开始分析你是否还有可以做得更好的地方。

最好的部分是什么?还是有出路的。即使有高尔夫球车大小的树干挡在你的球和旗子之间,你仍然有办法把球打到球道上,然后从那里开始比赛。这可能不是最理想的,但仍然留有了一些机会。

不会放弃而把你的球留在粗糙的长草区吧?你会把你的高尔夫球车留在小路上,而你的球杆还绑在后面,然后在一个糟糕的击球后步行回家吗?不可能。你会试着收拾残局,并向自己保证下一个洞会更好。你的投资也应该如此。

交易时你会犯错。这是不可避免的,尤其是在价格和市场以比以往任何时候都快得多的速度移动的时候。在20世纪70年代

---

❶ 球道是高尔夫球洞上发球区和果岭之间的紧密修剪的草地区域。这是高尔夫球手在四杆洞或五杆洞开球时从发球台上瞄准的目标。——译者注

❷ 高尔夫中的长草区是通常与球道接壤的草地区域,是一片故意保持比球道的草更长的区域。——译者注

和80年代，当一切都变慢的时候，人们不做一些研究就贸然投资的情况并不常见。这甚至是不可能的。那时，你需要打电话给你的财务顾问或经纪人，询问当前的价格，等待回电话，然后决定下一步行动。你可能需要一整天的时间来启动一项新的投资。你有时间仔细考虑你的决定。

今天，你只需要在手机屏幕上按一下手指，你就完成了交易。对于没有经验的交易员来说，这可能会带来麻烦。

没有一个完整的策略

偶尔有人会在社交媒体平台上给我发信息，说："我以X美元的价格买了XYZ股票，现在涨到Y美元了。我该怎么办呢？"这绝对不是一种交易策略。如果我们在第4章中提到的所有事情都没有解决，那么你的策略就不完整。这意味着你没有考虑过在上涨、下跌和横盘市场中你会怎么做。你还没有弄清楚你的仓位控制策略。你没有针对意外事件的应急计划。也许你还没有弄清楚你打算如何完美地执行这个策略。这些事情中的任何一件都可能打乱你的计划。所以，制定一个完整的策略，并完美地执行它，当意外的事情发生时，你的压力就会小很多。作为提醒，我在图14.1中复制了我对完整交易策略的看法。

研究这张图中的每一个方框，并问自己："我已经弄清楚我交易策略的这一方面了吗？"如果没有，那就好好想想，制定一

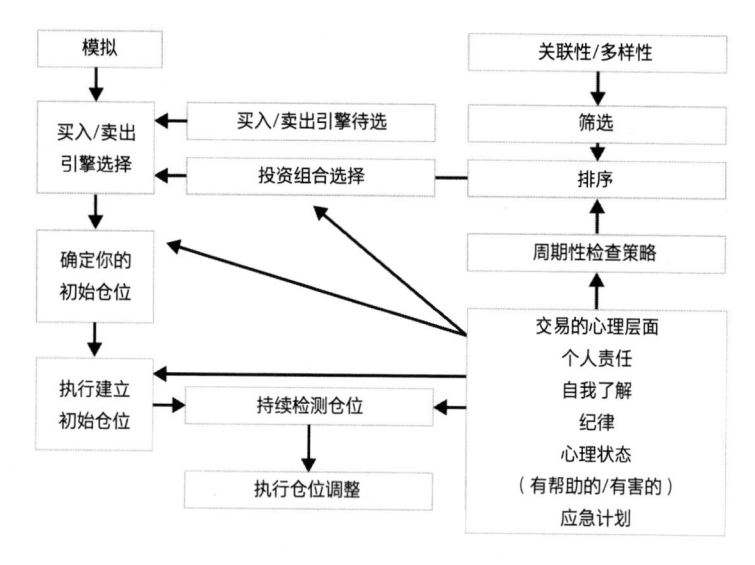

图14.1　一个完整的交易策略

个计划。我遇到的那些苦苦挣扎的交易员通常会错过图14.1中的一些东西。

没有正确调整你的仓位

因为我在这本书中用一章讨论如何正确调整你的仓位，所以我就不重复了。这一章是关于避免常见错误的。我发现交易员常犯的一个错误是没有一个一致的、合乎逻辑的方法来确定和管理每笔投资的仓位规模。

"我认为这只股票真的会上涨，我会多买一些。"这种调整仓位的方法并不是交易成功的路径。是的，你的交易可能是正确的，你会发现自己是一个大赢家。但在接下来的1000笔交易中，如果你继续这样交易，你会发现一些交易会让你吃苦头。这些苦头将对你的投资组合造成严重的损害。

上述情况的另一面也是如此。你对一只股票做了功课，准备买1000股合适的股票。但那个小小的声音说："现在市场看起来有点混乱，如果通货膨胀加剧，我不确定这家公司会不会做得很好。"你最终说服自己只买500股，这成为你一年中最好的投资。你的投资组合没有得到仓位的全部收益，因为你决定在这个仓位上买你"正常"仓位的一半。然后，你继续责备自己没有遵循你的简单交易策略，因为你就"知道它会更好"。我已经这么做过了，所以我可以告诉你这对你的交易心理没有好处。

你应该有一个一致的方法来调整你的仓位。如果你不知道，请回到第10章：我们买入或卖出多少。避免这种常见错误很简单。正如耐克著名的广告语所说的："去做吧！"

没有多样化

投资者经常忽视在其他市场进行多元化投资，因为在其他市场进行研究、制定策略和执行交易需要花费更多的时间和精力。在写这本书的时候，我在20个交易所交易基金、31个期货市场和9种不同策略的股票指数期权中拥有50多个仓位。我每天要花40到80分钟来更新接下来24小时的所有订单。诚然，我有多年的交易经验，所以我在这方面有优势，但一个掌握了管理股票投资组合常规的人可以看看一些微型期货合约，并为它们制定一个单独的策略。或许可以考虑每周卖出一些指数期权差价。

我并不是说你需要在一夜之间用几十种策略进入50个市场。你可能需要有一些掌握计算机的能力，这将花费大量的时间。然而，每个交易员都可以考虑更多地分散投资。我不是说在你的成长型股票投资组合中再增加一只成长型股票。如果整个股市进入一个-50%的熊市，多投资一只股票不会给你的投资组合提供太多的全天候效应。

或许可以选择一只贵金属ETF？或许你也可以选择一种只在指标下跌时进行对冲的策略？或许你也可以选择5种极其多样化的微型期货合约，它们与股市毫无关系，然后用一个简单的指标和仓位控制算法进行交易，以增加你的经验？不要让你的投资组合墨守成规。交易就是交易。现在我已经做了将近50年的期货交易，我发现交易期货在很多方面比交易个股容易。

一个简单的例子是使用几种不同的产业ETF。ETF很容易投资，因为它们是在交易所交易的场内基金，你可以通过一次交易就分散投资于多只股票。当你更进一步，通过将资金分散在非相关市场的ETF上来多样化你的ETF投资时，你就实现了一定程度的多样化。一个部门的崩溃可能会对你造成一点伤害，但你并没有出局。

关于分散风险的想法，请回到第7章：极端多样化。

检查你现在交易的东西,并问一个简单的问题:"还有什么东西我可以用来分散投资组合,使它更全天候?"通过这样来避免没有多样化投资的错误。

把牛市和天赋搞混了

当你继续监控和调整你的策略时,请记住,牛市可能是危险的,因为有些人把牛市带来的高回报当作自己的投资天赋带来的结果。不要把牛市和天赋混为一谈。密切关注趋势,把你的情绪和自我骄傲排除在外。

从2008-2009年经济危机开始的过去14年里,股市表现相当不错。新冠疫情对股市几乎没有影响,在短时间内下跌了约35%,然后再次创下历史新高。从那以后到2021年底,市场一直在迅速上行,很难跟上。到2021年底,每一个活跃于股市的人都可以宣称,他们在盈利,因为他们在交易中做了正确的事情。

但随后是2022年的熊市。电视上的专家们很快就从预测股市会涨到多高,转向预测熊市的底部在哪里。在你的投资组合中获利是件好事,但请记住,彻底逆转只需要一个政府法规或世界性的新闻事件。重要的是要认识到没有什么是确定的。市场会做市场该做的。了解这一点可以让你正确地对冲你个人投资组合中的风险,而不是愚蠢地忽视风险,让它找到你。

从较少资金开始

我和世界各地的交易员交谈,有些人的交易数额很少,有些人的交易数额有数百万。我可以毫无疑问地说,大型投资组合更容易将全天候策略应用到他们的投资中。小的投资组合将有更高的成本,并且更难通过工具、策略、市场或时间段进行多样化的投资。这总是会导致较小的投资组合拥有更细粒度、更不稳定、更不可预测的回报,同时风险也会增加。

通常情况下,交易员从事的是一份他不喜欢的工作,但是他非常喜欢交易,以至于他想全职从事交易工作,但没有足够的资金来实现这一目标。他问:"关于成为一名全职交易员,你能给我什么建议?"我建议他保持现状,尽可能多地往他的交易账户里投钱。如果你有一个更大的投资组合的话,我在这本书中谈到的许多方面就会变得更容易。所以,请把增大投资组合资本放在首位。

不能完全理解自己在做什么

很多时候,当交易员看到一个涉及新期权或新工具的好主意时,他们就准备好了。他们并不真正了解这些新事物是如何工作的,但他们还是去使用它们。当你遇到风险时,这可能会导致灾难,而新工具最终会造成损失。我喜欢首先大量阅读和测试任何新的潜在投资策略，然后从一个极小的仓位开始这个新的想法。如果我对发生的事情的理解符合我的预期，那么我就可以将投资或策略扩大到最大规模。在使用期货或期权等新工具来分散投资之前，先研究一下它们。

不考虑成本

任何交易策略的实施都有不同的成本。佣金是人们首先想到的收入之一。但股票投资的一些经纪人可以将佣金降至零。但是每笔投资仍然存在买卖价差，随着时间的推移，这些都将是你的成本。一项投资的高流动性往往会使买卖价差成本最小化，所以你可能会筛选那些流动性高的投资。

当你在一个正常的应税账户中买卖时，你的利润和损失很可能会产生税收后果。如果你有一些有利的交易，你要确保你的投资组合中的那一部分遵守了你的纳税义务。

将你的投资组合与其他人的投资组合进行比较

战略的实施和执行取决于你自己。你投资的市场和投资策略取决于你自己的生活状况。重要的是要记住，那些将你与其他投资者区分开来的生活条件也会影响你的战略计划的运作方式。

根据你的个人情况，制定你自己的计划。了解你的风险承受水平，并以此为基础进行投资。不要看着你周围的人，不要一味地想知道他们在做什么。如果你的邻居说他刚刚在市场上度过了一个很好的季度，不要询问他的策略，也不要模仿他的策略。为什么？第一，因为市场变化很快。第二，因为他的策略很可能不适合你的情况和你的投资。

如果你的投资组合达到历史新高，而你的邻居正经历一段艰难的时期，情况也是如此。如果你通过全天候交易方法获得了成功和交易的长久性，我将非常高兴听到你与他们分享这本书或这个哲学。然而，在短期内，保持低调，专注于你的投资组合，不要担心别人在做什么。

社交媒体上有成千上万的交易员在谈论他们正在购买的各种投资仓位，他们正在赚钱的策略，以及对下周XYZ走势的预测。这和你精心设计、深思熟虑的计划有什么关系？绝对没有！请继续完美地执行你的计划！

不考虑你的日程安排和承诺

你的日程安排应该被考虑在内。你需要多少时间来制定一个完整的全天候投资策略？你每天或每周能分配多少时间来执行你的策略？你是否有家人需要你的照顾，或者你是空巢单身狗？你是否有一份灵活性有限的全职工作？你是否经常出差，日程经常变化？

某些策略将花费更多的时间或需要更频繁的监测。如果工作需要你离开两周，或者如果你需要随时从学校接生病的孩子，你会想要远离某些交易策略。你不希望你建立交易策略会干扰你的个人生活和你需要承担的重要义务。

你拥有的时间越少，你就越需要长期投资策略和学会放手。你想要关注的细节越多，那你就需要更多的时间参与投资，你也会有更多的投资欲望，更有可能专注于短期投资策略。你越有经验，你就越有能力应对不断增加的波动性。你的经验越少，你就越应该选择一条不太有波动性的投资道路。每个全天候交易员的正确答案都是不同的。为自己量身定制是通往成功的最佳途径。

那些寻找大量的交易行为，有多余的时间和一个整整空闲的一天，甚至可以考虑日内交易。每笔交易的风险可能很小，回报可能是复合的，而且不需要数百万美元的资金。我想说的是，我遇到的人中很少有人符合这个条件，也很少有人适合做一个专注于良好业绩的日内交易员。

我遇到的大多数交易员有自己的日常工作、有家庭责任和对自己所做事情的有限认知。你的生活状况、婚姻状况、短期计划、长期计划和许多其他因素都会起作用。那些没有考虑到这些重要因素的人通常会犯代价高昂的错误，然后会变得沮丧。

诚实地看待你的生活，以及你可以对交易做出哪些承诺。相信我。市场并不关心你的个人生活是否充满危机或者你是否有必须履行的个人责任。它仍然会在每个交易日的同一时间开盘和收盘，就像太阳升起和落下一样。市场不会知道你今天过得好还是不好。计划一个你可以执行的投资策略，一个你相信将是你典型的一天/一周的投资策略。不要试图以一种你知道你将无法持续执行的方式进行投资交易。

不一致

设定交易策略，然后忘记它。这是一个已经进入投资行业的表达方式。想想那些忙碌的专业人士，比如医生、律师和商业领袖。在工作之余，他们几乎没有时间关注市场的持续变化。出于这个原因，他们寻求专业帮助，并作为交换支付少量咨询费用。他们意识到自己无法将足够的注意力集中在市场上，从而在投资组合中取得积极成果。由于他们繁忙的日程安排，他们知道他们无法保持一致的时间。因此，他们雇用其他人来确保一个策略随着时间的推移被应用到他们的投资组合中。

保持一个交易策略需要一些持续的工作。即使不是一份要求很高的工作，也会让你失去注意力，变得不稳定。任何人都可能陷入其中。**你只需要在实践中保持一致，好事情就会到来**。在你生活的许多方面都是如此。

例如，锻炼是你应该考虑的事情。每周做3次20到30分钟的有氧运动对你的整体健康大有裨益。起初,你可能会感到酸痛和疲劳。但随着时间的推移,只要你坚持下去,你的身体就会更健康,你会收获你持续努力而应该得到的回报。然而,如果你开始懒惰,跳过锻炼,你可能会滑回你开始的地方,然后你就会发现自己很沮丧。

管理交易策略也是如此。不用花一整天的时间。即使我在度假,我也能在市场今天收盘和明天开盘之间的某个地方找到典型的不受干扰的40到80分钟。我拉下数据,处理一些更自动化的交易策略,并在一些不那么自动化的交易策略上做出改变或者止损。在这个过程完成后,我可以在24小时内保持良好状态,直到我必须再次进行同样的事情。就像练习的例子一样。当你每天都做这件事的时候,你会做得更快,你会找到让这个过程更有效率的方法。也许在这里使用一点计算机自动化和/或电子表格可以帮助你加快更新市场行情数据。

不一致将使你的交易行为更加混乱和不可靠。不一致会增加你对交易感到沮丧的概率。如果你一开始就致力于一致性的设计,你就会领先于许多其他交易员。

缺乏心理预演

虽然成为全天候交易员需要对付风险并试图避免重大损失,但常见的错误仍然会导致不希望的结果。全天候投资就是把流程落实到位。它是关于战略、研究、多样化和执行。第4章介绍的那些买卖交易技术指标引擎,它们是不应该被塞进抽屉然后被遗忘的工具。它们应该始终如一地用于其最初的目的。

当这些指标变成绿色并告诉你买入时,就买进吧。当它们变成红色并告诉你离开你的位置时,行动起来,如果你还没有下止损单的话。不要想太多。你的情绪会拉着你,试图说服你忘记那些你已经设定好的指标。但这样做会破坏你选择自己的买入/卖出技术指标引擎的目的。

那么之前讨论的仓位大小的概念呢?它们的存在是为了帮助你。使用这些概念。仔细考虑你在市场上可能面临的每一种情况,并在心里演练如何完美地执行你的计划。想象一下,你是一个交易大师,平稳而冷静地进行你的行动,计算你的仓位大小,并发出你的市场交易单。没有匆匆忙忙,没有兴奋,没有错误。

记住,全天候方法的好处之一是减少你的焦虑。

当你预先确定的投资策略告诉你要做某事时,那就是采取行动的时候了。使用电子表格或交易平台,预演一下当你面对各种情况时你会做什么,并在发生时采取你预演过的行动。

缺乏一致性计划

生活中总有各种各样的事情会让你从你的计划中分心。假设你有一个安静的一天,交易顺利,可是互联网断了,或者你的家里断电了，或者你的代理商平台不允许你登录，或者你的代理商将交易保证金的要求提高了两倍，以应对因世界性突发事件而变得疯狂的市场。这种情况经常发生，然而许多交易员在计划他们将在自己的投资交易中做什么的时候并没有考虑到这一点。

制定一些应急计划。对自己的计划有备份。例如有一次在山上（我在亚利桑那州避暑的地方），由于一台挖土机意外切断了光纤线路，我们失去了互联网服务。这种情况下，我的网络备份计划是三重的。首先，我碰巧知道，一家遍布全国的杂货店必须为其财务敏感的收银操作和库存系统提供专门的互联网服务，他们不使用一般的本地公共互联网。他们有咖啡厅，你可以在那里吃午饭或喝咖啡。如果我不能恢复上网，我就打算去那里上网，通过他们的互联网系统在我的笔记本电脑上运行我的交易过程。

第二个备份是我手机上的一个热点。当我旅行的时候，我有时会发现要么没有网络，要么网络很差，用起来很沮丧。如果我发现我没有互联网，但有电话服务，我会设置热点，并通过我的手机连接到互联网，并在笔记本电脑上运行我的交易进程。在这种特殊情况下，这个选项是不可用的，因为挖土机事件也会导致关闭电话服务！

我在山上度假时候联网的第三个备份是90分钟后到我的斯科茨代尔（Scottsdale）地点。我在那里有很好的网络服务，而且那个位置不会受到挖土机事故的影响。

那么，提前考虑并计划这些会不会不方便呢？肯定。但那天我并没有感到压力，因为我已经有了一个应急计划，并准备把它付诸行动。事实证明，光纤线路在12个小时内就修好了，我能够以正常的方式完成我的工作，尽管比平时晚了一点。

关键是不要没有计划地迎接生活中的突发事件。你可以想象一些可能打断你的日常生活的场景。想清楚如果这些事情发生，你会怎么做，并在心里演练如何执行应急计划。一旦你不得不执行你的替代计划时，你的压力会小得多。

不要让生活妨碍你

当谈到时间承诺时，还有一个因素需要考虑，那就是确保你的生活不会从一开始就妨碍你。你的生活中是否有人总是在谈论他们应该做的事情？或者他们想开始做，但还没有抽出时间去做？

请先开始你的旅程。否则你永远不会有一个完美的时间开始这段新的旅程。这样做的最好的办法就是执行。开始学习投资。弄清楚哪些市场是你最感兴趣的，哪些市场不会成为你关注的负担。拖延只会增加拥有或不拥有投资带来的心理压力。这只是你可能要处理的另一个压力源。

不要让生活中的琐碎事务妨碍你。首先列出你现在所处的位置。弄清楚你已经拥有的成功交易策略的各个部分，以及你需要获得的其他部分。弄清楚你有多少资金，以及如何在一段时间内增加你的交易账户。想想你有多少时间来制定和执行一个投资策略。所以，今天就开始吧！

第 15 章

全天候投资和未来

投资者总是在寻找下一个趋势。无论你是专业投资者还是业余的,都无所谓。每个人都在寻找他们认为可以帮助他们在尽可能小的风险下实现收益最大化的单一投资策略。

投资的一切都是关于情绪的。正是这种投资情绪占据了主导地位,同时还有对错过的恐惧(FOMO),即对错失新的、更好的趋势和可能随之而来的利润的恐惧。许多投资者将资金放在安全的位置,结果却屈服于其他新鲜事物的诱惑。以2020年初的加密货币为例。在2020年之前,比特币似乎是唯一一种被用作投资工具的加密货币,主要作为一种像黄金一样的商品来对冲通胀。

从那时起,新的加密货币和代币以创纪录的速度和飙升的价格进入市场。但也有很多加密货币浮出水面后以失败告终。毕竟,同一市场上的数千种货币不可能都升值。更重要的是,波动导致一些加密投资者成为百万富翁,而另一些人则在很短的时间内失去了一切。

成为全天候交易员意味着设计一种更稳定、更长期的投资方式。坚持你的计划,避免一些时髦的投资,这些投资似乎是今天强加给投资者的。这并不是说投资加密货币不好,因为有收益可赚。在过去的两年里,我在加密货币期货交易中度过了一段美好的时光。然而,在你的投资组合中配置太多,或者认为你会在没有任何风险的情况下赚很多钱,这是一个错误。

更深入地研究新的、未来的投资机会很重要,但这并不意味着投资领域的典型投资品种也更安全。看看2022年的债券收益率和债券市场的回报。随着美联储提高利率以对抗通胀,债券回报甚至还没有达到接近通胀率的水准。那些被告知债券是安全的投资,并将资金投入债券的投资者,随着时间的推移,实际上正在损失净财富。此外,通常被认为是安全投资的债券并非真的没有风险。

股市也面临着同样的问题。它们被高估了,变得越来越不稳定。追逐科技股的散户投资者可能会在短期内看到收益,但长期来看潜藏着包括大量未知的和未受保护的风险。

大多数投资者不知道,如果就像我们历史上多次经历的那样,市场再次下跌50%,他们该怎么做。买入并持有将是一个令人沮丧的过程。现在是投资风险最大的时候。牛市和熊市不可能永远持续下去。如果你认为在接下来的时间里,股票每年将继续上涨5%到10%，那就去买一只指数基金，享受稳定的增长吧。但风险是双向的。作为一名全天候交易员，你将对冲负向风险，并尽你最大的努力来管理它。与此同时，你将考虑如何承担风险，并将其转化为对你的投资组合有利的因素。

记住目标：减少负向风险，增加正向风险。

混乱的事件时有发生。一个政府行动或一则新闻就足以让市场朝着伤害你的投资组合的方向移动。确保你的投资组合不受此类事件的影响是你的工作。

确定未来的风险

未来将会有混乱的时刻。这是不可避免的。这些都是人们试图避免的。然而，希望没有那么多混乱并不会让它消失。在我看来，随着时间的推移，混乱的市场走势似乎越来越频繁。

重要的是要知道，风险对不同的人意味着不同的东西。首先是短期波动风险。这是人们通常首先想到的风险；他们担心，如果市场朝着某个方向移动，他们在短期内会损失多少。这在日常的基础上是很重要的，但是一些长期的风险呢？

如果债券像20世纪70年代和80年代初那样连续10年亏损怎么办？

如果股市像大萧条时期那样下跌90%怎么办？

如果股市像2008年那样下跌60%，但又不反弹（像2009年那样）怎么办？

如果60债券/40股票的策略（财务顾问最喜欢的策略）毫无效果怎么办？

那些关心这些长期风险的人并不关心短期波动。他们考虑的是长期风险而不是短期的结果，这样有好有坏。毕竟，全天候交易员为什么要投资呢？我们承担其他人不愿承担的风险和波动性，作为回报，我们的投资组合获得了收益。

当你开始考虑投资组合的未来时，要考虑到这一点。避免风险并不意味着避免正常市场中每天、每周或每季度出现的起起落落。这本质上就是担心随机噪声不会把你踢出游戏。你想要的是避免长期投资计划出现的风险。

通过创建全天候投资方法，未来不可避免的变化和变动带来的风险在一定程度上得到了对冲。通过创建一个你可以长期使用的整体投资策略，你可以在各种混乱中生存下来。你可以看着周围的世界惊慌失措，但你知道自己有一个计划，你会感到安全。你已经在心理上为混乱做好了准备，也知道你将如何应对，并继续完美地执行你的计划。

在2020年春季，疫情恐慌导致股市下跌的最初阶段，许多市场处于巨大波动之中，很多商品交易顾问干脆停止了交易。他们觉得这些举动太疯狂了，股市看起来正在迅速崩溃。美国国债是许多人最喜欢的避风港。当时股市迅速下跌了30%以上。

我坚持我的策略。我对自己的股票敞口进行了对冲。我在钯金期货合约和做空能源合约上赚得盆满钵满，这些合约最终都跌至负值。这种变化是很长一段时间才会出现的巨大变化。并且我当时也是全神贯注地看着我投资组合的股票节节攀升。在适当的时候，我剥离了部分仓位，以控制自己的风险敞口，因此，即使市场在创纪录的波动中，我每天都保持镇静。

接着是社交媒体上的呼声："这是底吗？"和"现在还不是买的时候，等待低点的考验吧。"只是这些预测存在一个问题：对低点的考验在这次危机中从未出现过。市场该怎么做，市场就怎么做。那些在市场下跌时恐惧地逃离市场的交易员，现在正为错过快速上涨的行情而苦恼。在经历了创纪录的波动的过程中，我每天都运行未改变的全天候策略。股票套期保值失效；我的多头ETF出现很多新的买入信号，我在股票上进行了相当全面的多头投资，同时反转了我的许多期货仓位。

结果如何呢？这是我一生中最赚钱的一年，回报率超过100%。我告诉你这个故事不是为了炫耀，因为我并没有做什么特别的事情，也没有做什么不同于我每天做的无聊的事情。我没有预料到疫情会给世界带来这么大的混乱。我没有预测到疫苗需要多长时间才能研制成功，也没有预测到市场对所有消息的反应是什么。

你可以从我的例子中学到的是，如果你已经深思熟虑并为混乱时期制定了计划，你就可以保持冷静并继续前进。我这一年之所以这么赚钱，是因为机会遇上了行动。我测量了方向，执行了卖出止损单，做空，很好地管理了我的仓位，最终买回了剩余的合约，做多。由于东欧的紧张局势，原油价格已经超过了每桶100美元。我一点也没预料到。我只是管理过程，让结果发生，并享受过程。

预测未来

为什么选择成为全天候交易员？使用这些策略的好处是，即使债券和股票在很长一段时间内走势不佳，你也有可能获得正回报。在这个世界上，这是两种最常见的投资选择，如果它们都呈下降趋势，可能会对你的净财富产生持久的负面影响。

说到估计和预测未来——不得不承认，预测通常很糟糕。黑色星期一（Black Monday）❶大崩盘之后出版了一本书，谈到了未来市场的两种潜在可能性：衰退还是萧条。那么后来发生了什么事？两者都没有发生。相反，市场持续了10多年的牛市。

1989年，日本是世界第二大经济体，即将取代美国成为第一大经济体。如果你在1989年告诉任何人，日本将进入长达35年的熊市，可能会引起哄堂大笑。但事实就是如此。

没有人能预测市场；所以才会有这么大的风险。但风险也

---

❶ 黑色星期一是指发生于1987年10月19日星期一的全球股灾。道琼斯工业平均指数下跌508点至1,738.74点（22.61%）。当日全球股市在纽约道琼斯工业平均指数带头暴跌下全面下泻，引发金融市场恐慌。——译者注

带来了回报。任何声称自己能做出准确预测的人都是在试图向你推销某种东西，而这种东西很可能不会持续10年、20年或30年。

一个全天候交易员可以了解他在哪里会产生利润，在哪里会有平淡的结果。市场如何反应并不重要。当我第一次形成自己的投资组合概念时，全天候交易策略比任何其他策略都要好，今天仍然如此。无论市场出现什么样的反复或趋势，成为全天候交易员是我能看到持续稳定、合理回报的唯一途径。

想想未来会怎样。这里我们讨论的不是市场预测。我们只考虑市场本身。随着时间的流逝，进入市场正变得越来越方便。电脑和移动技术的影响力越来越大。软件应用程序允许更多资金以市场不习惯看到的速度进入市场。价格波动周期只会在频率和幅度上越来越大。

如果软件继续具有增加波动性的效果，全天候交易员也已经准备好应对随之而来的混乱。你没有经常听到这种方法的唯一原因是，基金经理还没有找到一种方法来向客户传达成为全天候交易员的积极方面。一些公司规模太大，无法应对必须进行的交易规模；而另一些公司则过于担心如何跟上少数人看到的巨额短期收益，并试图在不承担相关风险的情况下追逐这些回报。根据我的经验，我可以告诉你，平淡的业绩并不会带来大量拥有高额资产的新客户。

跟上其他基金经理的步伐不是我的现实。我退休了，对我的生活和生活方式很满意，我想要一个全天候交易员给我带来的稳定平淡的回报。作为人类，我们需要确保我们的钱是安全的。这就是为什么我们买那么多保险。但这种保险需要在风暴来临之前到位。一旦风暴的迹象出现在雷达上，就太晚了。保险公司不允许你投保，所以你需要事先这样做。

通过实现全天候方法为自己的资产创建保险。然后，你需要有一个计划来处理你遇到的任何事情。

研究失败

失败在我们的行业中经常发生，但其原因却被忽视了。另一些人则认为失败的发生是由于不明智的决定或运气不好，但在失败发生之前我们肯定也准确地执行了一些策略。

每个人都研究成功，但智慧在于研究失败。那些"失败"的人试图做了什么？他们的心态是什么？他们误解了什么？你可以学到很多其他人学不到的东西，因为他们只学习成功的故事。

有一种误解认为时机与投资组合的成功息息相关，或者其他某个单一变量是唯一重要的。这根本不是真的。通过研究其中的一些失败案例，你可以看到需要采用更广泛、更全面的方法。

1998年阿根廷的大萧条就是因为其封闭的经济。

2014年至2017年的俄罗斯金融危机之所以发生，是因为它过于关注石油出口，以至于当油价下跌近50%时，它没有任何其他可依靠的东西。

1989年日本经济的崩溃是由于股票和房地产的极端估值。

我们从这些失败中学到了什么？一种繁荣的资产类别只能在有限的时间内保持繁荣。最终，市场会出现回调，而这些资产本应被套期保值或卖出。作为一名全天候交易员，我的投资组合中同时有很多不同的、互不相关的投资，总有一些东西可能在推动并帮助我的投资组合走向成功。当一个市场陷入困境时，该策略的其他部分就可以收拾残局。

接受这个策略然后使用它

正如我所重申的，60/40方法是散户投资者最常用的方法之一。它既安全又有增长的潜力。你有60%的资产在股票上，你承担足够的风险来换取一些增长，以实现你的未来目标。此外加上你的40%债券投资，那么你的多样化投资就是一个有着典型的缓慢增长的投资，同时还能避免完全投资股票可能导致的所有股票损失。

极端多样化的全天候投资在概念上类似于60/40投资方法，但在组合中加入了更多的安全级别。没什么特别刺激的。这些投资都是公式化的。它发现各种市场中的风险，并试图对冲这些风险，获得回报。

我们的目标是对成功感到无感。并不是每一场胜利都需要疯狂冲向终点线。你上一次看激动人心的马拉松比赛是什么时候？

记住，你只需要4个步骤就可以正确地开始使用这个策略：

1. 选择适合你个性和目标的市场。

2. 执行一个买入/卖出引擎，告诉你什么时候买、什么时候卖（并据此行动）。

3. 了解你的投资组合的资产水平，以及每个仓位的风险大小，始终如一地调整这些仓位的规模。

4. 心中要有长久且长远的想法，并为市场抛给你的曲线球做好准备。

这些步骤看起来很简单，但很多人很难接受简单的事情。投资者总是对我说："如果你想在投资上取得成功，那肯定是很复杂的。"这是许多投资者的想法。只有当你有精神上的自律来完美地执行它时，它才会变得简单。你必须遵守你制定的策略和规则。使用现成的软件来管理你的投资，或者雇用其他人来管理它们。无论你选择哪一种，都有很多工具可以帮助你。这完全取决于你想用什么来交换：用你收入的一小部分来换取由别人"亲力亲为"来处理你的投资日常事务的方法，或者你用时间和研究来换取你自己"亲力亲为"。两者都是正确的选择。唯一错误的选择是试图通过避开市场的方式来规避风险。考虑到通货膨胀，从长远来看，这一决定可能会导致财富的净损失。这和我爸爸的定期存款事件很相似。

机会就在那里。不要落入"买入并持有"的陷阱。你可以为自己制定一个惊人的计划,创造世代财富,为你和你的家人建立健康的财务,同时总是享受这个过程。

CONCLUSION
结 论

    整个投资生态系统都应该以你为中心。股票市场、债券市场、期货、加密货币、共同基金、私募股权——都取决于你。你才是把钱投入这些市场的人。有这么多的投资选择不足为奇,每个市场都想用其诱人的产品来吸引你。

    想想这背后的心理学。想象一下,你站在房间的中央,手里拿着一美元,其他几百人围着你站成一圈,所有人都在尖叫着为什么他们应该得到你的那一美元,以及他们如何能让你的一美元增值。做这个决定对你来说是很焦虑的,因为在每一个可投资的市场中有很多压力和风险。

我在资金管理行业内外尝试过许多不同的交易风格，成为全天候交易员比其他任何一种都更适合我。你想要证据？我的证据就是我还没有写过任何一本书来解释其他的投资或交易策略。这是我几十年交易经验的结晶，所以我非常乐意向所有交易员推荐这些概念。这是我回馈这个行业的方式，这个行业在我的一生中给予了我很多。

这本书的目的是让你在心理上更轻松。听信那些站在你身边向你要钱的人的承诺，可能会损害你的心理健康，并导致你的投资决策受到情绪的驱动。通常情况下，投资者会把所有的钱都投入一个有前景的投资概念上，或者他们会因为过多的分析和优柔寡断的决策而停滞不前，根本不会做出任何选择；他们完全错过了任何潜在的收益。

作为一名交易员，你为你的钱投入的行业提供了一些有价值的东西，这种价值应该得到回报。但你不会不劳而获。你需要应对各种投资中固有的风险，因为逃避风险意味着逃避市场，如果你不为生态系统提供有价值的东西，你就得不到回报。在任何事情上都是如此。不管你交易的是股票还是其他任何微小的事物，你都不会不劳而获。

当你成为一名全天候交易员时，要保持期望的现实性。要知道下跌总会发生，不要惊慌。如果你的年回报率是8%到10%，无论是自己交易还是通过基金，你都比大多数人做得好。你的工作每年有8%到10%的加薪吗？我很怀疑。

最后要记住的一件事是,看待那些没有和你一起搭上市场上升浪的人时,请不要暗自窃喜。我在我的交易场所旁边的墙上挂着一句话:"除非你在市场面前谦卑,否则市场会让你谦卑。"这不是一场比赛。这是一个我们一直竭尽全力都在努力解决的长期难题。就如同我们正在打一场为期4天的高尔夫锦标赛,我们不能仅仅关注一个洞。我们正在为接下来的1000笔交易设计策略,而不是专注于我们刚刚完成的一笔交易。

以上就是我关于全天候交易员的内容总结。我已经把我如何成为全天候交易员的所有信息都告诉你了。我分享了各种各样的想法,你可以自己使用、调整和适配它。工具箱现在是你的了。制定一个计划,完美地执行这个计划,尽情地享受这个过程!

ABOUT THE AUTHOR
关于作者

汤姆·巴索（Tom Basso）

曾担任川特斯泰特资本管理有限公司（Trendstat Capital Management, Inc., 一家注册的投资和商品交易咨询公司）的首席执行官。在其鼎盛时期，川特斯泰特在亚利桑那州斯科茨代尔（Scottsdale）为全球客户管理了6亿美元的资金。汤姆·巴索拥有克拉克森大学（Clarkson University）化学工程学士学位及南伊利诺伊大学（Southern Illinois University）工商管理硕士学位。他是全国证券交易商协会和全国期货协会（NFA）的仲裁员，也是NFA董事会的前任董事，代表CTA/CPO在董事会中的一个席位。

此外，汤姆·巴索还在NFA的技术和标准小组委员会工作了三年。他曾担任主动投资经理国家协会（National Association of Active Investment Managers，NAAIM）的董事会成员，兰姆帕技术（Lamp Technologies，一家总部位于达拉斯的技术公司，专门从事期货和对冲基金行业的后台外包解决方案）的管理委员会成员。2019年，汤姆成为该公司（Standpoint Alternative Asset Management）董事会主席，斯坦德裴因特另类资产管理公司管理着一只由75个全球宏观期货市场和全球股票市场的基金组成的产品。该基金目前由埃里克·克里滕登（Eric Crittenden）管理，为投资者提供了单一经理、多策略、多市场、"全天候"的投资方式。斯坦德裴因特另类资产管理公司管理着超过5亿美元的资金，是同类公司中表现最好的公司之一。

工程、数学和计算机的教育背景使汤姆能够以利用全球金融市场的机会开发广泛的投资项目。他目前正在为一个新的基于云的交易模拟和订单平台提供咨询。

汤姆·巴索是《新金融怪杰》（*New Market Wizards*）与《趋势跟踪大师》（*Trend Following Masters*）中的受访者之一，著有《无恐慌投资：金融怪杰的获利投资课》（*Panic-Proof Investing: Lessons in Profitable Investing from a Market Wizard*）、《成功交易员的仓位调整——为什么和怎么做？》（*Successful Traders Size Their Positions—Why and How?*）等启发着无数交易员。